学术文献阅读技巧与实战

袁松鹤　郝丹◎著

人民邮电出版社

北京

图书在版编目（ＣＩＰ）数据

学术文献阅读技巧与实战 / 袁松鹤，郝丹著. －－ 北京：人民邮电出版社，2023.6
ISBN 978-7-115-61321-9

Ⅰ. ①学… Ⅱ. ①袁… ②郝… Ⅲ. ①学术性－文献－阅读辅导 Ⅳ. ①G252.17

中国国家版本馆CIP数据核字(2023)第044733号

内 容 提 要

本书聚焦学术文献阅读，以用户需求为导向，针对学术文献阅读的需求痛点和常见的问题，系统介绍学术文献阅读的各种技巧与诸多注意事项，并辅以实战任务，帮助读者攻克学习重点。

全书共 8 章，主要内容包括学术文献的常识，阅读学术文献的原因，常用的四类学术文献的结构与特点，学术文献阅读的四个基本原则，学术文献检索、分析与管理的方法和技巧，学术文献泛读、精读的方法和技巧，学术文献阅读方法复盘。

本书适合作为学术研究新手以及研究生等群体的学习工具书，能较好地助力读者顺利、高效、愉快地开启学术文献阅读之路，并为学术写作奠定基础。

◆ 著　　　　袁松鹤　郝 丹
　　责任编辑　牟桂玲
　　责任印制　胡 南

◆ 人民邮电出版社出版发行　　北京市丰台区成寿寺路 11 号
　　邮编　100164　电子邮件　315@ptpress.com.cn
　　网址　https://www.ptpress.com.cn
　　固安县铭成印刷有限公司印刷

◆ 开本：720×960　1/16
　　印张：16　　　　　　　　　2023 年 6 月第 1 版
　　字数：170 千字　　　　　　2025 年 9 月河北第 8 次印刷

定价：69.90 元

读者服务热线：(010)81055410　印装质量热线：(010)81055316
反盗版热线：(010)81055315

序

　　写作本书，源于两方面因素或考虑。一是人民邮电出版社正式出版了《学术期刊论文写作技巧与实战》一书，受该书作者郝丹的支持和该书编写方式的启发，我和郝丹联合编写了这一姊妹篇——《学术文献阅读技巧与实战》。二是在我求学过程中，由于语文基础差、阅读写作能力弱，学术文献阅读一直是我的痛点，后来经过努力摸索和训练提高，我的学术文献阅读能力大大提升，已基本能够应对学术研究的需要。毕业后我又从事学术研究和文稿起草工作多年，因此，非常希望自己在这个过程中积累的经验和体会，对提升读者的学术文献阅读能力有所裨益。

　　也正因如此，本书有以下几个特点。

　　一是循序渐进，系统梳理。本书充分聚焦学术文献阅读，深入了解学术文献阅读新手面临的各种困惑，针对学术文献阅读中可能面临的各种问题，从需求剖析到不同类型文献的特点，从阅读原则到阅读准备，从泛读到精读，章节之间、章节内部都强调循序渐进，系统地梳理学术文献阅读中普遍使用的思路、方法和技巧。

　　二是立足需求，解决问题。读者有不同的阅读需求，零基础读者只是对某个热词感兴趣或者只是想了解某个专业；具备一定基础的读者想扎实学好某个专业，或者想写一篇学术论文，等等。根据不同的需求，可以选择阅读不同的章节，掌握相应的方法技巧，解决学术文献阅读的问题。

三是学练结合，加强实操。本书设计了 50 个实操性的学习任务，这些任务与书中内容是紧密关联的，任务编排同样遵循循序渐进、前后关联的原则，让读者能够边学边练，边阅读学术文献边掌握方法技巧，从起步到入门。当然，也可以在需要的时候，拿出本书，参照某一章节的具体内容进行演练，解决具体问题。

本书共 8 章，分为 4 个部分。第一部分是学习预热部分，包括第一章、第二章，第一章帮助你了解什么是学术文献，学术文献的类型和用途等；第二章帮助你剖析自身的需求，也就是为什么要进行学术文献阅读。第二部分是阅读准备部分，包括第三章、第四章和第五章，内容都是帮助你做好学术文献阅读的准备，包括深入了解不同类型学术文献的结构和特点，了解学术文献阅读的需求匹配、效率优先、吸纳与批判相结合、全局与部分相结合等基本原则，以及掌握学术文献检索、分析与管理的方法和技巧。第三部分是文献阅读部分，包括第六章的泛读方法、技巧与应用训练，以及第七章的精读方法、技巧与应用训练。第四部分是复盘部分，带着你回顾本书内容，回想自身阅读文献的需求，帮助你更好地明确自己所要阅读的文献类型，以及需要持续训练和熟练掌握的方法与技能。

希望《学术文献阅读技巧与实战》这本书能给你带来一些有用的技巧和必不可少的信心，能够成为你身边的工具书，常看常练、常学常新！

当然，一书难以写尽天下理，很多功夫在书外。比如我就曾花费大量的时间练习，才逐渐习惯使用电脑等电子设备进行学术文献阅读，这是互联网时代进行学术文献阅读的基础素养；又如我也发现，学术文献阅读与专业能力积累、论文写作等是相辅相成的，它们相互提高、相互促进。诸如此类。

最后，本书写作过程中得到了许多人的支持，在此聊表感谢。感谢人民邮电出版社信息应用出版分社的蒋艳社长，是她敏锐地发现了读者潜在的需求，鼓励我和郝丹合作撰写这样一本书。感谢人民邮电出版社信息应用出版分社的牟桂玲编辑，整个写作过程中，她和我们随时沟通，整个出版过程中，她最辛苦！感谢我求学路上的导师和工作单位的领导，是他们作为引路人，帮助我提升学术文献阅读与写作水平。感谢崔越，她积极参与本书的校对，从读者的角度给予了很多好的修改建议。

袁松鹤

2023 年 2 月 1 日

目录

第一章

初探：
你需要了解的学术文献常识

第二章

破冰：
为什么要阅读学术文献

第三章

知识准备：
四类常用学术文献的结构与特点

第四章

思想准备：
学术文献阅读的四个基本原则

第五章

文献准备：
学术文献的检索、分析与管理

第六章

泛读实战：
方法、技巧与应用训练

第七章

精读实战：
方法、技巧与应用训练

第八章

别忘了复盘：
学术文献阅读这回事

初探：
你需要了解的学术文献常识

本章导读

　　毋庸置疑，"学术文献"一词囊括了研究机构或研究者所贡献的、关于某个领域或某个主题的各种研究成果。同时，学术文献也是相关人员继续开展相关研究的重要基础，更是每一个学术研究新手和学术写作新手用来开展专业学习、提升专业素养的重要资源。

　　本章将为读者介绍在阅读后续内容之前需要了解的、关于学术文献的常识，如图 1-1 所示。在第一节中，我们会讲述学术文献的内涵与特征，为将来筛选出高质量学术文献打基础。在第二节中，我们会选取最常用的六种学术文献，介绍它们的特点，并推荐最方便的获取渠道。第三节提炼学术文献的主要用途，并特别提示在使用文献时一定要避免的误区，目的是帮助读者更高效地检索、筛选、获取高质量学术文献，提升学术文献阅读的效果。

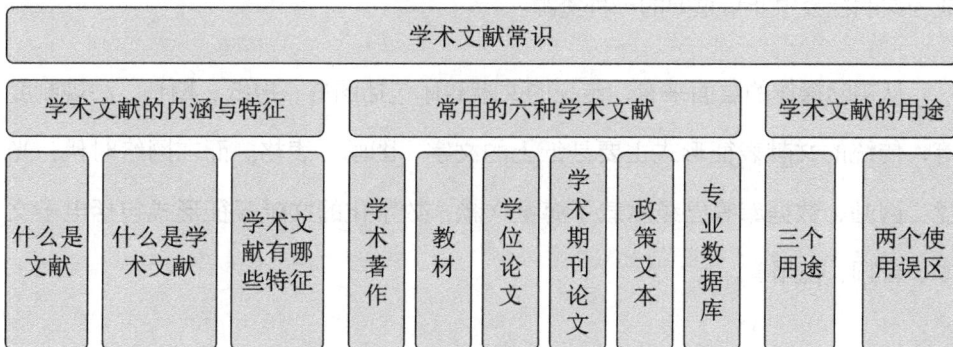

学术文献常识

学术文献的内涵与特征	常用的六种学术文献	学术文献的用途

什么是文献	什么是学术文献	学术文献有哪些特征	学术著作	教材	学位论文	学术期刊论文	政策文本	专业数据库	三个用途	两个使用误区

图 1-1　需要了解的学术文献常识

第一节
学术文献的内涵与特征

阅读学术文献，首先需要了解什么是文献，其中哪些是学术文献，哪些不是学术文献。其次需要了解学术文献的基本特征，包括它的内在特征和外部特征等。最后，通过对学术文献内涵与特征的了解，为学术文献的筛选、阅读奠定认识基础。

一、什么是文献

文献，一般来说指的是具有某种价值的资料。正是由于其中所蕴含的实践价值、研究价值或历史价值，文献既是一种文化产品，更是一种知识载体，并由此成为文明社会中非常重要的一种资源。

从实际操作的层面来看，传统的文献载体包括图书、报纸、期刊、法规制度等，传统的文献表征形式主要是纸上的文字、图画、表格。而在网络时代，光盘、网站、数据库等已经承载了海量文献，数字化的文献表征形式包括电子文本、音频、视频等。

从方法层面来看，文献是记录知识的一切载体，是采用文字、符号、公式、图像、音频、代码等手段，将知识及其他信息记录在一定物质载体上，能够起到存储和传播作用的结合体。文献具有三个基本属性，即文献的知识性、记录性和物质性。

|任务 1-1| 你了解的文献有哪些？

前面简单介绍了"什么是文献"，并简单介绍了文献的载体和表征形式，接下来，请你围绕自己所感兴趣的主题，回顾一下你所了解的文献。

（1）选择一个你感兴趣并且比较了解的主题，写在下面。

（2）根据你之前所了解的各种情况，把这个主题相关的文献分门别类地填写在表 1-1 中的对应位置。

表 1-1　你所关心的主题都有哪些文献

常见的文献类别	文献举例
图书	
报纸	
期刊	
法规制度	
光盘	
网站	
数据库	

（3）文献的类别肯定不止本节所提及的这些，你一定知道这个主题下还有一些文献不属于表 1-1 所列类别，也请你把这些文献的名称写在表 1-2 中。

表1-2 你所关心的主题还有哪些相关文献

文献名称	你建议的文献类别标签

（4）试着给你所补充的这些文献拟一个类别标签，写在表1-2中对应的位置。

二、什么是学术文献

通俗地说，能够为科学研究提供信息及其他帮助的文献，都可以称为学术文献。从这个角度来看，学术文献汇集和保存了人类科学研究的丰硕成果，是可供全人类分享利用的知识宝库。也正因为如此，学术文献成为我们进行专业学习，乃至开启学术研究、学术写作之路的必备资料，学术文献阅读也由此成为我们必须掌握的学术基本功之一。

学术文献通常是针对某一特定问题或在某一特定领域内进行专门研究后总结成果并发表出来的文献，主要类型有学术著作、教材、期刊论文、发明专利、研究报告、专业数据库等。

三、学术文献有哪些特征

为了帮助你准确识别、搜寻和筛选学术文献，接下来，我们和你一起概括一下学术文献的特征。

（一）学术文献的内在特征

学术文献有三个内在特征。当你选择高质量学术文献的时候，一定要牢牢记住这三个内在特征。

特征之一，科学性。

学术文献要求作者始终保持客观、冷静的科学态度，摒弃个人偏见，用科学的方法开展理论研究或实证研究，得出尽可能客观的结论。特别要注意：在提出观点的时候，学术文献要尽可能客观表述；在呈现论据的时候，学术文献通常应当尽可能多地采用高质量的资料，特别是第一手资料，以最充分的论据作为立论的基础；在呈现论证过程时，必须展示出通过周密思考形成的逻辑链条。

特征之二，创新性。

开展学术研究、积累学术文献，其目的都是推进科学的发展，进而推动人类社会的发展。只有具备足够创新性的学术研究和学术文献才能达到这样的目的。对学术文献来说，其创新性可能体现于其中所记载的新方法、新观点、新发现、新结论等。

特征之三，实践性。

学术文献所记载的学术研究过程和结果都应当具备某种意义上的实践价值：或者能够直接推动实践进展，或者通过推动某种理论的发展，进而有助于推动后续实践进程。高质量的学术文献应当真实记录能够解决人类社会实践中的各种理论性、应用性问题的学术研究。而这一源自实践、回到实践的特点，既是学术文献的重要内在特质，也必须是我们评判学术文献的重要标准。

（二）学术文献的外部特征

学术文献的外部特征也能为你提供搜寻、筛选文献的重要依据。学术文献的外部特征体现在两个方面。

外部特征之一，结构规整。

一篇合格的学术文献一定会提供标题、作者姓名、出版者、出版年等最基本的信息，以方便我们检索和筛选。此外，不同类型的学术文献还会提供特定的信息，如关键词、卷号、期号、页码、基金（课题）、出版地、网址等，供我们追踪并记录。

具体到学术文献的正文，通常也会包含相似的结构要素（如引言、综述、问题提出、研究设计、研究发现、参考文献等），并借助层级分明的文内标题和可辅助说明的图表等，规整呈现全部内容。

外部特征之二，风格平实。

学术文献的存在是为了记录学术研究成果、促进学术交流。因此，不论是哪一个学科的学术文献，都需要平实地呈现所述内容，将最有价值的研究成果深入浅出地描述出来，方便更多人了解，引发更多思考与探究。

■■ **|任务 1-2|** 你了解的学术文献有哪些？

在前面的任务当中，你已经梳理了自己所了解的文献。那么接下来，请你继续围绕同一个主题，梳理你所了解的学术文献。

（1）简单回顾一下上一个任务中你所记录的那些文献，并结合学术文献的内在特征和外部特征，筛选出其中的学术文献，按类别记录在表 1-3 中。

表1-3　你所了解的学术文献

常见的学术文献类别	学术文献举例
学术著作	
教材	
期刊论文	
发明专利	
研究报告	
专业数据库	

（2）如果还有一些你认定的学术文献不能归入前面列举的学术文献类别中，那么请你把这些文献的名称写在表1-4中的对应位置。

表1-4　你所关心的主题还有哪些相关学术文献

学术文献名称	你建议的学术文献类别标签

（3）试着给你补充的这些学术文献拟一个类别标签，写在表1-4中对应的位置。

第二节
常用的六种学术文献

在这一节里，我们将向你介绍常用的学术文献类别及其查询、获取方式，以便你由此出发，更好地掌握每一类学术文献的阅读技巧。本书后面的章节也将主要围绕着这些常见的学术文献展开。

实际上，学术文献有很多类型，期刊论文、学术著作、教材、学位论文、会议论文、政策文件、研究报告、专利文献、标准文献、报纸文献、电子文献、专业数据库……实在是难以枚举。接下来，我们主要从常用、实用的角度来考量，选择了新手必须了解的六种学术文献，向你详细介绍。

一、学术著作

学术著作有广义和狭义之分。广义的学术著作泛指以说理、议论为主要表达方式的文章、论著等，包含学术图书、学术论文、学术期刊论文等。狭义的学术著作是指以问题或专题为中心，具有创新性和逻辑性的学术图书。本书所称的学术著作是指狭义的学术著作。学术著作可以从多个角度进行分类，比如：从作者数量的角度来看，学术著作可分为独著、合著两大类；从专业角度来看，学术著作亦可分为教育类、医学类、工程类、哲学类、新闻类等多个类别。

但是，对学术阅读新手来说，最需要了解的，也是最常见的学术著作有专著、编著、译著和校著四种。

专著也称学术专著，通常完全由作者原创，是对某一学科、某一领域或某一专题进行较为集中、系统、全面、深入论述的著作，这类学术著作也是最常见的。独立创作的绘画、摄影、书法、篆刻作品集，也可归入专著这一类。专著作品的署名通常采用"著""绘""摄""书""制"等字样。

编著是作者融汇他人成果与自己的原创内容，着重于对他人成果的汇集、整理、分析，并以再加工后的样貌加以呈现，从而形成的学术著作。常见的编著作品有论文集等。编著作品的署名通常采用"编""编著"等字眼。

译著则是译者用一种语言翻译其他作者用另一种语言写作的文本，从而形成的学术著作。译著作品的署名通常采用"译""编译""译著"等字眼。

校著则比较少见，通常是指对特殊古籍进行句读、训诂或校勘，从而形成的学术著作。校著作品的署名通常采用"校著""注"等字眼。

学术著作的检索可以通过以下三种渠道来完成。

第一种渠道：出版物国家管理机构。

出版物的国家管理机构是中央宣传部。你可以试着登录中央宣传部下属的国家版本数据中心官网（见图1-2），在其主页的检索框中输入你想要查询的学术著作的书名或与书名相关的主题词、作者姓名、ISBN、出版社名称等任意一种或多种信息，按下回车键或检索按钮，就能得到你要的著作信息（见图1-3）。

图1-2 国家版本数据中心官网

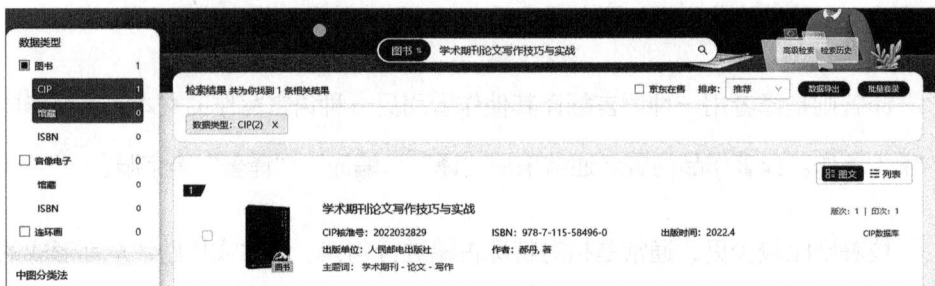

图 1-3　国家版本数据中心检索结果示例

第二种渠道：数字图书馆。

在互联网时代，数字图书馆实在是多种多样，各级政府、教育机构、研究机构都可以开办自己的数字图书馆。在这里，我们以中国国家图书馆建设的中国国家数字图书馆为例，简单介绍如何使用数字图书馆查询学术著作。查询步骤很简单：登录中国国家数字图书馆官网（见图 1-4），在其主页的检索框中输入你要查询的学术著作的关键词、作者姓名、出版社名称等任意一种或多种信息，按下回车键或"检索"按钮，即可进入查询结果页面（见图 1-5），选择你需要的学术著作，点开即可。

图 1-4　中国国家数字图书馆官网主页

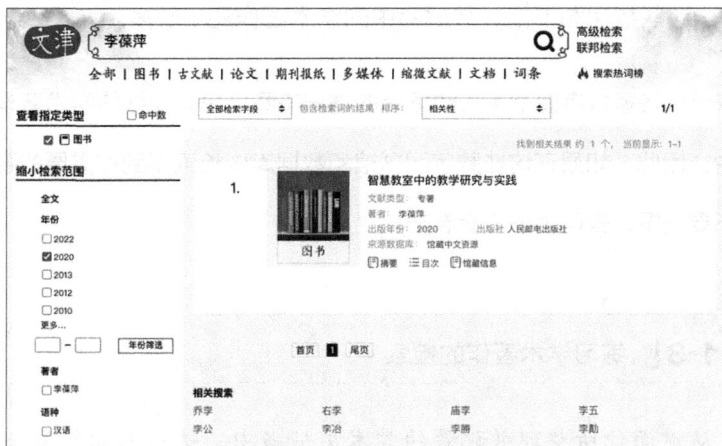

图 1-5 中国国家数字图书馆查询结果页面

第三种渠道：数据库查询。

提到中国知网等数据库，大家常常只记得数据库里有海量的学术期刊文献。但实际上，这些数据库中往往还收藏了学术著作。你可以试着登录中国知网，在"研究学习平台"栏中单击"心可书馆"，打开中国知网的"心可书馆"页面（见图 1-6），检索你想要的学术著作。

图 1-6 中国知网的"心可书馆"页面

一点提醒： 这些数字图书馆、数据库中的学术著作还不够多。

　　从目前各家数字图书馆和数据库的情况来看，只有少数的学术著作被收入库中。因此，如果在这些数字图书馆和数据库中检索不到你需要的著作，千万不要气馁，去网上书店看看吧！

■■■ **|任务1-3|** 练习学术著作的检索

　　（1）从前面你所整理并记录的学术文献当中，选一本你想拿来做检索练习的学术著作，把它的基本信息记录在表1-5中。

表1-5　学术著作的基本信息

书名	
作者姓名	
ISBN	
出版社名称	
出版年份	

　　（2）登录国家版本数据中心官网，在其主页的检索框中输入这本学术著作基本信息中的一种或几种，检索你想查看的这本学术著作。

　　（3）登录中国国家数字图书馆官网，在其主页的检索框中输入这本学术著作基本信息中的一种或几种，再次检索这本学术著作。

　　（4）登录中国知网，打开中国知网的"心可书馆"页面，按照前面介绍的步骤操作，检索你想查看的这本学术著作。

　　（5）登录网上书店平台，比如当当网或者京东网的图书频道，再次检索这本学术著作。

（6）比较你所练习的这四种学术著作检索方式，选出你认为最好用的那一种或者几种，以后就可以高效率检索你需要的任何学术著作啦！

二、教材

教材同样有广义和狭义之分。狭义的教材主要是指正式出版的教科书，是将科学研究成果按照教学规律加以总结，使之系统化的教学材料，分为统编教材和一般教材。而广义的教材是指教师和学生在课堂内外使用的所有教学材料，可以是正式出版的教科书或学术著作，也可以是非正式出版的辅导材料、自学手册、录像带、光盘等。本书所说的教材是指狭义的教材。和前面介绍的学术著作相比，教材可能在学术研究方面缺乏足够的创新性，也可能不太追求在已有研究基础上的突破，但一定能最为系统、完整地呈现所在领域的知识体系。因此，教材也常常是学术阅读新手首选的阅读材料。

教材主要根据学科来划分类别，其查询途径和学术著作完全一样，在此就不重复，也不另外设计任务来帮助你练习教材的检索了。

三、学位论文

学位论文是作者为获得某种学位而撰写的学术论文，通常篇幅较长，并且常常基于规范、系统的综述开展研究，还必须在所属领域具有创新性价值，因此，学位论文几乎是每一位学术阅读者青睐的那一类学术文献。

按照不同的学位类型，学位论文一般分为学士论文、硕士论文、博士论文三大类。其中博士论文往往是信息含量最大、学术价值最高的，可作为学术阅读技巧练习的好资料。

当然，学位论文还可以按照不同的研究领域，分为社会科学学位论文、自然科学学位论文两大类，两者又可进一步细分为不同学科专业的学位论文。比如，社会科学的学位论文可细分为文学、历史、哲学、教育、政治等学科专业的学位论文。

学位论文还可以按照不同的研究内容，分为理论研究类和应用研究类学位论文。理论研究类学位论文注重对基本概念和基本原理的研究；应用研究类学位论文侧重于研究如何将知识转化为专业技术和生产技术，直接服务于社会。

与期刊论文不同的是，学位论文不在期刊公开发表，只能通过学位授予单位、指定收藏单位和相关数据库提供的检索入口查询。

中国国家图书馆、中国科学技术信息研究所和中国社会科学院文献信息中心（中国社会科学院图书馆）是指定的博士论文收藏单位。此外，从中国知网等文献数据库中也可以检索到一部分学位论文。但也有少数学位论文由于有保密要求，因此在公开的数据库中是无法检索到的。

四、学术期刊论文

学术期刊论文是大家最熟悉的一种学术文献。学术期刊论文有很多分类维度。

如果按期刊等级来划分，公开发表的期刊论文可以分为六类：特种刊物论文、权威核心刊物论文、重要核心刊物论文、一般核心刊物论文、一般公开刊物论文及受限公开刊物论文。但一般我们只按照核心期刊论文和非核心期刊论文来划分。在这里，"核心期刊"通常指的是"北大核心期刊"和"南大核心期刊"等。

一点提醒： 什么是"北大核心期刊"？什么是"南大核心期刊"？

"北大核心期刊"是指被收入《中文核心期刊要目总览》中的核心期刊，总计将近两千种。而"南大核心期刊"则是指被收入《中文社会科学引文索引》中的核心期刊，总计不到一千种。

如果按研究领域来划分，可以将学术期刊论文分为自然科学领域和社会科学领域的学术期刊论文。每类又可按各自的门类继续细分下去。如社会科学领域的学术期刊论文可细分为文学、历史、哲学、教育、政治等各类论文。

如果按研究内容来划分，可以将学术期刊论文分为理论研究类和应用研究类学术期刊论文。前者重在对各学科的基本概念和基本原理的研究，后者则侧重于如何将各学科的知识转化为专业技术和生产技术，直接服务于社会。

期刊论文的查询当然可以通过翻阅纸本期刊来完成，但是，你肯定也知道，这样做的效率实在是太低了！如今大家都是登录文献检索平台实现跨期刊查询的。

可以检索、下载中文学术期刊论文的平台很多，比如中国知网、万方数据库、维普（期刊库）、超星期刊、国家哲学社会科学学术期刊数据库、中国科技论文在线的期刊论文库、全国图书馆参考咨询联盟、百度学术等。

国内也有不少数据库可以检索、下载外文学术期刊论文，比如中国知网、哲学社会科学外文 OA 资源数据库等都提供了不少英文学术期刊论文。国外也有专门的、覆盖多种语言的期刊文献数据库，如谷歌学术（外文学术文献搜索）、Sci-Hub（外文学术文献下载）、Web of Science（ISI 引文索引）、Science Direct

（综合学术文献）、Springer（期刊论文和电子书）、PubMed（生物医学文献）、Wiley（综合学术文献）等。

▪ |任务1-4| 练习学术期刊论文的检索

和学术著作不同，学术期刊论文的检索通常是在只知道论文所涉主题、不知道具体论文标题的前提下开展的。因此，在这个任务当中，你需要先明确自己所要检索的论文主题，然后尝试在不同的文献数据库中检索。

（1）选择一个你所感兴趣并且比较了解的主题，写在下面，请注意表述尽可能精简。

（2）选择中国知网、万方数据库、维普（期刊库）、超星期刊四者之一，登录其主页，在检索框中输入你想要查询的主题。然后，把相关度排序最靠前的五篇论文记录在表1-6中的对应位置。

（3）登录国家哲学社会科学学术期刊数据库主页，在检索框中输入你想要查询的主题。然后，同样选择相关度排序最靠前的五篇论文，记录在表1-6中的对应位置。

（4）登录中国科技论文在线的期刊论文库主页，勾选"论文题目"单选框，在检索框中输入你想要查询的主题。然后，再次选择该库中相关度排序最靠前的五篇论文，记录在表1-6中的对应位置。

（5）登录全国图书馆参考咨询联盟主页，首先注册并登录个人账号，其次选择"期刊"标签，在检索框中输入你想要查询的主题。最后，再次选择该数据库中相关度排序最靠前的五篇论文，记录在表1-6中的对应位置。

（6）登录百度学术，在检索框中输入你想要查询的主题，并把查询结果中相关度排序最靠前的五篇论文记录在表1-6中的对应位置。

（7）你已经使用同样的检索主题，从五个不同的检索途径获得了五个检索结果。请你比较一下，哪一个或几个检索途径更方便、更准确，并将这些检索途径记下来，方便你后续经常使用。

表1-6 学术期刊论文检索的结果

学术期刊论文检索途径	每次检索结果中相关度排序最靠前的五篇论文
中国知网、万方数据库、维普（期刊库）或超星期刊	1. 2. 3. 4. 5.
国家哲学社会科学学术期刊数据库	1. 2. 3. 4. 5.
中国科技论文在线的期刊论文库	1. 2. 3. 4. 5.
全国图书馆参考咨询联盟	1. 2. 3. 4. 5.
百度学术	1. 2. 3. 4. 5.

五、政策文本

政策文本是指与政策的制定、宣传、实施等行为相关的各种文本记录。其主要是指各级政府和管理部门以各类文件的形态颁布的法律、法规、规章、制度、办法等文本，此外，也包括政策的制定过程，如相关研讨、咨询等过程的记录文本，以及政策制定过程中、过程后，各类大众媒体形成的政策舆情文本。

由于政策文本具备高度的权威性、规范性，同时也具备极高的信息密度，因此成为一种特殊的学术文献。对政策文本的分析、解读也常常出现在各类学术论文中。

政策文本可以按颁布机构的级别来分类，也可以按政策相关的职能领域来分类。根据前者，政策文本可以分为国家级、部委级、省级等的政策文本，这一分类维度常常被用来衡量政策文本的分量和影响范围；根据后者，政策文本大约可分为 22 个大类（参照国务院政策文件库），如经济、金融、能源、农业、林业、工业、环境保护、科技、教育、文化、体育、劳动、人事、公安、司法、民政等，这一分类维度则常常被用来界定检索范畴。

关于政策文本的查询，建议一定选择官方的、权威的途径，以保障所得政策文本准确无误。

在这里，我们要向你介绍几种常用而且好用的政策文本查询途径。

1. 国家级政策文本的查询

国家级政策文本的查询、获取，首选国务院政策文件库。

登录中华人民共和国中央人民政府网站，在首页单击"国务院政策文件库"

按钮，即可进入国务院政策文件库，从中可进行国务院文件、部门文件等的查询，如图1-7所示。

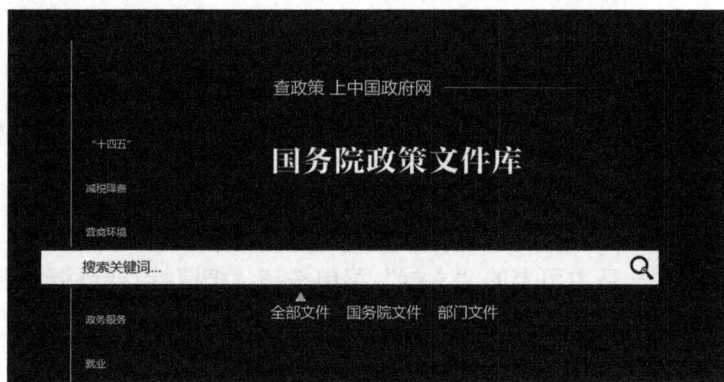

图1-7　国务院政策文件库查询页面

一点提醒： 这个网站还能查数据！

　　国家统计局官网提供了数据查询服务，在其首页单击"数据"菜单按钮，在打开的页面中即可查询有关数据，其中包括国家统计局最新发布的各项统计数据、官方认可的数据解读、全国普查数据、数据指标解释等内容，还提供了统计制度、统计标准文本供参考。在该页面的最下方，提供了数据查询入口和统计公报查询入口，如图1-8所示。

图1-8　国家统计局官网的数据查询入口和统计公报查询入口

2. 国家部委所发布政策文本的查询

国家各个部委所发布的政策文本，最好也都去相应的官网查询。在这里，我们以教育部发布的政策文本查询为例具体介绍。

首先请登录中华人民共和国教育部网站首页，然后留意两个主要的查询入口。

查询入口之一是主页上的"文献"菜单按钮。把鼠标指针移动到这个按钮上，可以在弹出的下拉菜单中看到"教育部令""教育部公报""教育部简报""教育统计数据""教育发展统计公报""教育经费执行公告"等菜单选项，如图1-9所示。直接单击"文献"菜单按钮，可以直接打开"文献"页面，进行你需要的各种查询。

图1-9　中华人民共和国教育部网站上的"文献"菜单

查询入口之二是主页上的"公开"菜单按钮。把鼠标指针移动到这个按钮上，可以在弹出的下拉菜单中看到"教育部文件"选项，如图1-10所示。

图 1-10　中华人民共和国教育部网站上的"公开"菜单

如果直接单击"教育部文件"选项，就可以在打开的页面中进行你需要的各种查询，如图 1-11 所示。比如根据公文形式（部令、规范性文件、部文、部函、厅文、厅函、其他）和信息拥有司局（教育部各司局单位）进行有关文件的查询。

图 1-11　中华人民共和国教育部网站上的"教育部文件"查询页面

一点提醒： 在此也可以进行与教育相关的中央文件的查询！

在图 1-11 所示的页面中，有一个"中央文件"按钮，单击这个按钮，你就可以非常方便地查询与教育相关的中央文件了（见图 1-12）——是不是非常好用？

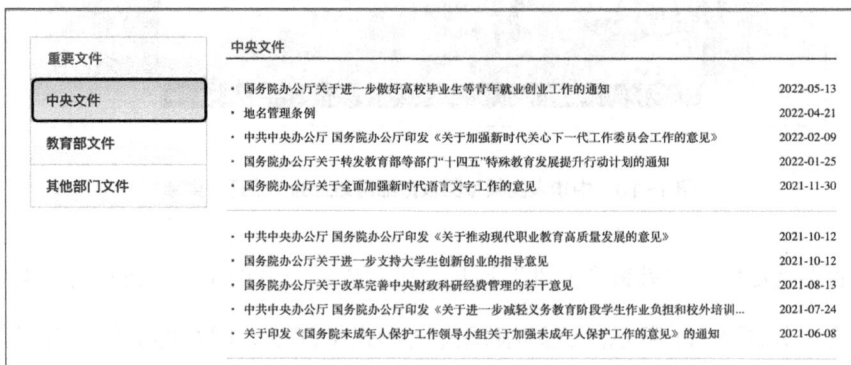

重要文件	中央文件	
中央文件	· 国务院办公厅关于进一步做好高校毕业生等青年就业创业工作的通知	2022-05-13
	· 地名管理条例	2022-04-21
教育部文件	· 中共中央办公厅 国务院办公厅印发《关于加强新时代关心下一代工作委员会工作的意见》	2022-02-09
	· 国务院办公厅关于转发教育部等部门"十四五"特殊教育发展提升行动计划的通知	2022-01-25
其他部门文件	· 国务院办公厅关于全面加强新时代语言文字工作的意见	2021-11-30
	· 中共中央办公厅 国务院办公厅印发《关于推动现代职业教育高质量发展的意见》	2021-10-12
	· 国务院办公厅关于进一步支持大学生创新创业的指导意见	2021-10-12
	· 国务院办公厅关于改革完善中央财政科研经费管理的若干意见	2021-08-13
	· 中共中央办公厅 国务院办公厅印发《关于进一步减轻义务教育阶段学生作业负担和校外培训…	2021-07-24
	· 关于印发《国务院未成年人保护工作领导小组关于加强未成年人保护工作的意见》的通知	2021-06-08

图 1-12　中华人民共和国教育部网站上的"中央文件"查询页面

3. 各级政府所发布政策文本的查询

这一类政策文本同样以在各级政府官网上的查询为宜。在这里，我们以广东省人民政府所发布的政策文本为例，向你做具体的介绍。

首先，请登录广东省人民政府官网，在其主页的菜单栏中有"政务公开"按钮，如图 1-13 所示。

广东省人民政府
People's Government of Guangdong Province

请输入要搜索的内容

要闻动态　政务公开　政务服务　互动交流　走进广东　长者浏览模式

图 1-13　广东省人民政府官网主页面菜单栏

单击"政务公开"按钮，在打开的"政务公开"页面中，可以看到"数据开放""数据发布"等按钮，"文件库""省政府公报"等栏目，以及可以按文件标题或文件内容进行查询的检索框，如图1-14所示。

图1-14　广东省人民政府官网"政务公开"页面

单击"政务公开"页面中的"文件库"按钮，在打开的页面中，你可根据公文形式（粤府令、粤府、粤府函、粤府办、粤办函）查询对应类别的文件，也可以在左下方的检索框里，使用关键词进行搜索，如图1-15所示。

图1-15　"文件库"页面

4. 通过人民日报官网查询

众所周知，很多非常重要的政策文本都要在《人民日报》上全文登载。所以，当你需要查询这些政策文本的时候，也可以登录人民日报官网，按照政策文本发布的日期，查找对应登载页面。从 1946 年到最新的一期内容，都能在此查看。将来，你开始学术写作的时候，也可以直接引用在人民日报官网查询到的重要政策文本。

六、专业数据库

专业数据库是用以收集、汇总、发布某一专业领域的基础数据（包括观测数据、调研数据等）及相关数据产品（如图表、分析报告等）的信息系统。专业数据库以其专业、专注的特点，成为当下研究者们开展科学研究的重要数据来源之一。

常见的专业数据库具备以下四个特点。

特点之一，通常是由某个权威机构牵头建设和维护。

国家层面、专业领域的数据库通常由相应的官方机构或专门的科研单位负责建设、运营、维护，典型的如北京师范大学中国收入分配研究院负责的中国家庭收入调查（Chinese Household Income Project Survey，CHIP）数据库。商业领域的数据库则通常由已经在商业领域具备某种权威性的机构来建设、运营、维护，如专注新经济领域的艾媒咨询所运维的全球新经济产业研究数据库。

特点之二，通常以项目形式来推动。

这一特点在很多专业数据库中有明显体现。如中国综合社会调查（Chinese General Social Survey，CGSS）是我国最早开始的一个全国性、综合性、连续性学术调查项目，自 2003 年开始延续至今。该项目由中国人民大学中国调查与数据中心负责执行，长期得到中国人民大学提供的基金资助，其数据库中包含近 20 年的海量数据。

特点之三，通常持续更新和共享数据。

所有的专业数据库必须不断补充新的数据，才有可能具备足够的研究价值。公益机构的专业数据库往往会将数据免费共享，而商业性机构的数据库自然需要收费使用。

如前面提到过的中国综合社会调查（CGSS），自 2003 年起，对中国 10000 多户家庭进行连续性横截面调查，每年调查一次，并将历年数据公布在官网上，基于 CGSS 数据发表的学术期刊论文超过了 1000 篇。CGSS 可以算是我国大型学术调查数据开放与共享的典型优秀案例。

特点之四，通常用于支撑相关学术研究。

例如，CGSS 数据的用户包括世界各国经济学、社会学、人口学、政治学、管理学、新闻学、心理学、劳动人事学、地理学、历史学、人类学及其他学科的学者、学生及其他人员，基于 CGSS 数据发表的学术期刊论文已超过 1000 篇。

既然专业数据库里的数据如此有用,我们应该如何获取这些数据呢?

不同的专业数据库提供了不同的获取方式。有的在官网平台可直接下载或注册下载,如国家卫生健康委流动人口数据平台(Migrant Population Service Center,MPSC);有的需要注册后填写数据申请表,审核通过后方可下载,如中国家庭收入调查(CHIP)数据库;有的则需要通过集中的数据库下载,如中国学术调查数据资料库(原中国国家调查数据库,Chinese National Survey Data Archive,CNSDA)。

中国知网等文献数据库也是一种专业数据库,它们的使用方法,你一定非常了解。

|任务1-5| 练习专业数据库的使用

在这个任务当中,我们选择以一个教育相关的典型专业数据库——中国教育追踪调查数据库为例,带你展开练习。在一步一步完成这个任务的过程中,你一定能更多地了解这个有用、好用的数据库。

(1)通过搜索引擎,找到中国教育追踪调查数据库的官网,并打开主页。

(2)在中国教育追踪调查数据库官网主页上查找该库的基本情况,包括其主持机构和资助机构,将相关信息填入表1-7。结合这些信息,你就能够初步了解该数据库的特征和功能了。等你将来需要开展相关学术研究时,自然也会知道怎样更好地使用这个数据库了。

表 1-7　中国教育追踪调查数据库的基本情况

主持机构和资助机构	
研究团队	
调查对象的总体特征	
调查抽样方法	
调查样本的特征	
调查问卷涉及内容	
调查数据类型	
调查周期和频率	
最新公布的调查数据情况	
研究成果情况	

第二节
学术文献怎么用

　　学术文献的用途，与学术文献的特征是一脉相承的，正是具备了科学性、创新性和实践性等内在特征，以及结构规整、风格平实等外部特征，学术文献才具有相应的用途或作用。当然，不同类型的学术文献，在具体用途上会有差别，本节主要介绍学术文献共性的用途或作用。

到此，似乎没有太大的必要单独强调一遍学术文献的用途。但是为什么我们还要如此啰唆？主要是因为，我们希望你在明了学术文献的各种用途之后，能够更高效地检索、筛选、获取高质量学术文献，由此大大提升学术文献阅读的效果。

一、学术文献的三个用途

抛开"我为什么要阅读学术文献"这个现实的问题，单从其本身的特点来看，学术文献通常有以下三个重要的用途。

用途之一，呈现、存储、传播知识。

毫无疑问，学术文献是各门学科研究成果的最终呈现形式之一，很可能也是传统意义上最重要的呈现形式，由此，人类千百年来各门各类的知识存储其中，并将其作为跨越空间与时间、实现无限传播的重要载体。无论学术文献的物理形式是卷轴、书本、光盘还是数据库等，都有呈现、存储、传播知识的基本用途。

用途之二，为人类的创造性活动提供重要支撑。

学术文献中所记录的知识不光开启了一代又一代人的心智，帮助人们认识客观事物、开阔眼界，更为后辈们开展创造性生产活动提供了重要的支撑。后来人开展学术研究，需要的理论、思路、方法、工具、步骤等，都可以从前人留下的文献中得到启发，因此，我们所谓"站在巨人的肩膀上"，可能常常指的是站在前人积累的文献基础之上。

用途之三，彰显社会与个人的生产能力和科研能力。

如果把能源、材料、信息看作社会生产与发展的三大支柱型资源，那么，作为信息的重要载体的文献也就具备了不可取代的社会意义。文献的质量高低与信息的质量高低密切相关，而当今社会生产与发展早已高度依赖信息这一要素，由此，文献的数量与质量就成为社会生产能力的重要指标。

与此同时，学术文献则是衡量创造性劳动效率的重要指征，是某一个人、某一集体、某一学科领域乃至某一国家的科研水平和科研成就的重要标志。对个体而言，学术文献是确认个体研究人员对某一发现或发明的首创权的几乎唯一的手段，也是研究人员在科研领域中自我确认和互相确认的重要手段。

一点提醒： 你应该选择什么样的学术文献？

应该选择什么样的学术文献？这个问题是每一位学术研究者和学术写作者都特别关心的。这个问题的答案与另一个问题的答案有异曲同工之处：什么样的学术文献最有价值？

前面在引导你练习学术文献检索的时候，我们一再强调"相关度"，这个指标确实是你选择学术文献的时候需要特别关注的。与你所关注的主题具有高相关度的学术文献，当然是对你来说最有价值的。

此外，当我们检索学术期刊论文等常用学术文献时，高被引量或高下载量的文献是较受前人关注的，很可能对你来说也非常有价值，因此值得你考虑首先选用。

最后，当你积累了丰富的文献筛选、阅读、使用经验之后，你会形成自己关于学术文献价值的判断标准。到那时候，你自然会轻松明白自己该选择什么样的学术文献。

二、学术文献使用的两个误区

学术文献是个好东西，优质的学术文献更是助益多多。但是，归结起来，在学术文献的使用中，常常存在两个误区。

误区之一，误用低质量学术文献。

能够助推学习、科研、写作进程的，永远都是那些优质的学术文献。如果不幸选择了低质量的学术文献，轻则浪费时间和精力，重则误导学习方向和科研方向，大大降低写作质量。

那些已经陈旧的学术文献，对当下的研究者来说，可能价值就有限（特定学科的特定研究方向除外）。而那些有效知识含量低的文献，也会轻易浪费掉我们大把的阅读时间。至于那些调查不全面、数据欠真实、验证不准确、论证不充分的学术文献，更容易让我们在后续的研究和写作中走弯路、走错路。如果用低质量的学术文献去帮助预测、决策，那很可能会造成重大损失！

一点提醒： 什么是优质的学术文献？

> 对于学术新手来说，鉴别学术文献的质量确实是一个比较困难的任务。
>
> 那么，在这里，我们想简单为你提供几个有操作性的鉴别标准。可能这些标准不够严谨、不够全面，但是应该具有比较好的实践操作性，仅供你参考：如果是政策文本，请尽量选择行政级别更高的单位在官方途径发布的文本；如果是学术期刊文献，请尽量选择核心期刊上有影响力的论文；如果是学位论文，一流大学、一流学科专业的学生完成的学位论文可能会更好一些；如果是学术著作或者教材，请尽量选择在相关专业有影响力的出版社出版的、有分量的作者写作的著作或教材；至于专业数据库，权威机构运维的数据库是首选。

误区之二，轻易陷入学术文献的"汪洋大海"。

学术文献的阅读从来都不是以量取胜。但是随着网络和数字技术的迅猛发展，人类所拥有的信息数量，包括文献数量，都在急剧增加，给我们筛选高质量文献带来了很大的困难。不光是学术阅读新手会在学术文献的"汪洋大海"面前晕头转向，那些熟练的学术阅读老手也经常会在海量文献中"迷航"。

一点提醒： 如何避免在文献的"汪洋大海"中"迷航"？

首先，你需要接纳一个客观存在的事实：任何学术阅读者都会不止一次地在文献的"汪洋大海"里"迷航"。

其次，你需要着意督促自己掌握文献检索、筛选、分类保管技巧，由此尽可能提高待阅读文献的质量。

最后，好好锻炼高效阅读文献的能力，并在每一次阅读完毕之后，及时总结回顾，不断提升阅读技巧。

第二章 **破冰：**

为什么要阅读学术文献

🗨 **本章导读**

　　不同的个体有不同的学术文献阅读需求。在阅读本章之时，你需要先搞明白一个问题："我为什么要阅读学术文献？"这个问题的答案将决定你开启一场怎样的学术文献阅读之旅，以及如何在这一旅程中愉快前进。

　　我们把学术文献阅读需求归纳为四类，如图 2-1 所示。这四类需求是循序渐进、逐步深入的。你可能处于某一个需求阶段，也可能同时处于某两个需求阶段。

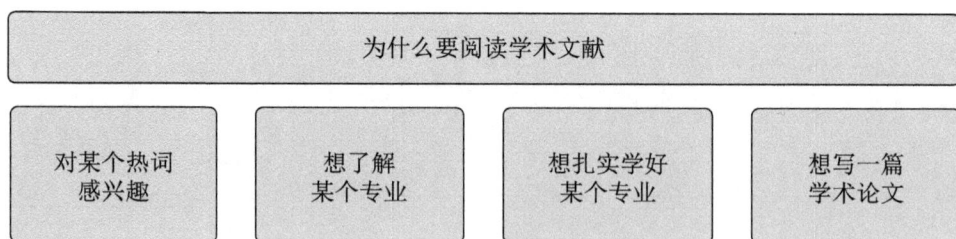

为什么要阅读学术文献

对某个热词感兴趣	想了解某个专业	想扎实学好某个专业	想写一篇学术论文

图 2-1　学术文献阅读需求

　　"我为什么要阅读学术文献？"为了更准确地找到这个问题的答案，请你先完成下面这个任务吧。

（1）下面四个选项中，哪一个选项描述的学习情况或学习需求与你最吻合？

A. 我只是有一颗好奇心，希望快速而正确地了解某学科某个热词的相关知识。

B. 我在不久的将来需要选定一个专业，作为自己近期继续学习、未来长期工作的方向。

C. 我已经进入某个学科、某个专业领域，需要开始各门专业课程的学习，扎实入门这个专业。

D. 我已经在某个专业领域登堂入室，现在需要写作人生第一篇学术期刊论文或者第一篇学位论文。

（2）确认你个人的学习情况或学习需求后，请参照图 2-2 对号入座，初步明确自己的学术文献阅读规划。在本章中的每一节，进入对应的内容模块，练习最实用的阅读技巧，了解最重要的"避坑"秘诀，踏上适合你的学术文献阅读之路。

A. 我对某个热词感兴趣	第二章 第一节	第三章至第六章	第八章
B. 我想了解某个专业	第二章 第二节	第三章至第六章	第八章
C. 我想扎实学好某个专业	第二章 第三节	第三章至第七章第二节	第八章
D. 我想写一篇学术论文	第二章 第四节	第三章至第七章第五节	第八章

图 2-2　你的学习需求与你的学习路径

- 明确你的学习需求。

- 明确你的学术文献阅读技能学习路径。

- 初步了解适合你个人需求的学术文献类型与特点。

- 初步了解适合你个人需求的学术文献阅读技巧。

第一节
对某个热词感兴趣

并不只是做学术研究的人才会需要学术文献。现代社会中很多人都经常需要阅读学术文献——只不过你之前可能没有意识到。

先举几个例子：

- 当你出于某种好奇心而想要粗浅了解某个学科或专业都在研究些什么，比如"社会学"是干什么的；

- 当你突然听到一个有趣的专有名词，比如"煤气灯效应"，想知道这个词到底是什么意思；

- 当你在新闻里看到某个话题，比如"碳中和""零排放"，想了解它的"前世今生"，好在聊天的时候不露怯；

- 当你拿到体检报告，看到大夫建议你多摄入低血糖指数食物，于是想深入了解"血糖指数"（Glycemic Index）……

以往的你遇到上述情景，也许只是登录大众搜索引擎或者在微信的检索框里随便检索一番，要不然就是听听身边的朋友怎么说，至于这样获取的信息是不是科学、严谨，甚至是不是正确，你并不打算深究。但是，如果能够轻松获取专业且易懂的学术文献，从中正确了解相关知识，是不是可以让眼界更开阔、让身心更健康、让生活决策更靠谱？

至于中学和小学的孩子们，他们出生在一个知识繁荣的社会里，每天沉浸在互联网上海量的图文、音频、视频等信息中，其实更有必要从小学习如何准确、快速地找到基本正确的信息，将之与毫无用处甚至荒谬、错误的"垃圾信息"区分开来——这样的素养，我们习惯将其归入"信息素养"当中。

综上，如果你的阅读需求主要是为了满足某种好奇心，顺便希望帮助身边的孩子提高信息素养，或者你就是这样一个成长中的孩子，想要自学如何正确获取信息，你可能需要了解如何找到并高效阅读以下比较初级的学术文献或学术含量较高的科普文章。

- 某学科、某专业的入门读物。
- 符合你的阅读兴趣的学术期刊论文。
- 专业知识含量较高的微信公众号文章。

为此，你需要学习简单的文献搜索和筛选技巧。而你需要具备的阅读基本功是熟练的泛读功夫，当然，如果还有余力，不妨练一练精读功夫。

如果确定你的学术文献阅读需求是满足好奇心，就请你继续完成下面的任务2-2，沿着适合你的学习路径，获取对应的学术文献阅读技巧吧。

步骤	认真阅读本书以下章节	完成以下操作
1	第三章	简单了解学术著作、学位论文、期刊论文、政策文件等不同类型学术文献的结构与特点
2	第四章	了解学术文献阅读的基本原则
3	第五章	简单了解正确的文献检索、筛选和整理技巧
4	第六章	认真学习泛读的技巧，尤其是综述类文献的阅读方法、跳读筛选法，以及不同类型文献的针对性阅读方法等——这些技巧同样适用于任何一个学科或专业的入门读物
	如有兴趣还可以看看第七章第一节	初步了解精读的技巧，尤其是如何做好精读笔记，包括批注式、复述式、引证式等不同的精读笔记方法
5	第八章	针对自己的需求做一个简单然而非常重要的复盘，在结束阅读本书之前，确认一下将来你要反复练习的那些阅读技巧

第二节
想了解某个专业

本书还适用于这样一类读者：他们需要在较短的时间内了解一个专业的概貌，以确定是否要选择这个专业作为近期继续学习、未来长期工作的方向。

在这一类读者中，目前占比最大的应该是打算跨专业学习的本科学生、硕士研究生。他们希望花费比较少的精力、占用比较少的时间，尽快了解一个不很熟悉的专业到底需要哪些基本功，这个专业的人当下正在研究些什么，以及研究的成果与现实生活有何关联。由此，他们要决定自己未来是不是要选择这个专业作为长期深入学习的方向。

还有一些读者已经工作了一段时间，但是出于种种考虑，想要在职考取硕士或者博士研究生。他们当中有些人打算跨专业考硕、考博。也有些人只是因为工作时间比较长了，不太了解自己所在专业近年来的学术动态，因此需要了解该专业当下的研究情况。

最近这些年，还出现了一群希望能明明白白为自己选择本科专业的普通高中、职业高中学生，以及一群希望能明明白白为自己的孩子选本科专业的学生家长，他们也希望通过正确的信息来源，高效率了解某个专业在背景知识、基本功、学习目标等方面的要求，以此判断这个专业是否合适。

如果你恰好遇到了以上三种情况之一，你需要懂得如何广泛搜索、正确筛选并高效阅读以下入门级的学术文献。

- 目标专业的入门级教材。
- 目标专业的入门级学术著作。
- 目标专业范畴的、特定类型的学术期刊论文。
- 目标专业的学位论文。
- 目标专业相关的政策文本及政策文本解读文章。

为此，你需要具备基本的文献搜索和筛选技巧，并且具备扎实的泛读基本功。特别是，如果你是为了帮助自己确定将来的学习方向而泛读以上学术文献，那就更需要在文献检索、筛选和泛读方面多下一些功夫。

为了满足准确、高效地了解一个专业的学术文献阅读需求，请你完成下面的任务 2-3，沿着适合你的学习路径，获取对应的学术文献阅读技巧。

步骤	认真阅读本书以下章节	完成以下操作
1	第三章	简单了解学术著作、学位论文、期刊论文、政策文件等不同类型学术文献的结构与特点
2	第四章	了解学术文献阅读的基本原则
3	第五章	简单了解正确的文献检索、筛选和整理技巧
4	第六章	认真学习泛读的技巧，尤其是综述类文献的阅读方法、跳读筛选法，以及不同类型文献的针对性阅读方法等——这些技巧同样适用于任何一个学科或专业的入门读物
	如有兴趣还可以看看第七章第一节	初步了解精读的技巧，尤其是如何做好精读笔记，包括批注式、复述式、引证式等不同的精读笔记方法
5	第八章	针对自己的需求做一个简单然而非常重要的复盘，在结束阅读本书之前，确认一下将来你要反复练习的那些阅读技巧

第二节
想扎实学好某个专业

本书最关注的读者群体应该是那些已经站在某个专业门槛前的读者。整本书的内容设计都是为了帮助这一类读者系统学习学术文献阅读的技巧，而贯穿全书的任务设计旨在方便他们高效率地练习这些技巧的使用。

这一类读者中的大多数可能是已经被大学某个专业录取的准新生，成功获得了在这个专业开始本科或者研究生层次学习的机会，但是之前的学术文献阅读量似乎不太够，也不曾成体系地训练过阅读技巧。这样的准新生马上就会开始对各门专业课程的集中学习，预计不久就要面对铺天盖地的专业阅读书单，因此，急需迅速提升学术文献阅读基本功，扎实入门这个专业。

还有一些读者已经确定要去争取在某个专业方向上深入学习的机会，为此要在较短的时间内全面做好各项准备，其中包括采用正确的学术文献阅读技巧，高效率阅读各类学术文献，为自己储备必需的专业知识。

随着终身学习理念在职场的普及，近年来也有很多职场人士因为事业发展的需要，希望能自学入门某个专业，并且逐步提升。这是一种现实需求，如果能花较少的精力、较短的时间满足这一需求，显然更为理想。因此，以正确的方法，沿着正确的路径，从高质量的学术文献中获取有用信息，就显得非常重要。他们完全可以归入"想扎实学好某个专业"的读者群。

至于那些已经明确了个人未来专业学习方向的中学生，也不妨按照本节所建议的学习路径，初步了解学术文献的类型和特点，初步尝试学术文献阅读的各项技巧，为自己即将开启的大学生涯储备必要技能。

综上，如果你就是这样一个需要扎实学好某个专业的学习者，有动力在较短的时间内以较高的效率打好专业学习基础，那么，你应该了解如何检索、筛选并高效阅读以下专业性较强的学术文献。

- 目标专业的各种教材。
- 目标专业的入门级学术著作和进阶级学术著作。
- 目标专业范畴内的各类型学术期刊论文，特别是综述类学术期刊论文。
- 目标专业的高价值学位论文。
- 目标专业相关的政策文本及政策文本解读文章。
- 与目标专业相关的常用专业数据库。

为此，你需要认真学习并掌握文献搜索、筛选技巧，并摸索出适合自己的文献笔记方法和笔记模板。你也需要了解如何精读和泛读各类学术文献，并且在整个专业学习过程中反复练习这些阅读技巧。

如果确定你的学术文献阅读需求是专业入门并稳健起步，就请你完成下面的任务 2-4，沿着适合你的学习路径，获取对应的学术文献阅读技巧吧。

■■ |任务 2-4| 开启一场打好专业基础的学术文献阅读之旅

步骤	认真阅读本书以下章节	完成以下操作
1	第三章	简单了解学术著作、学位论文、期刊论文、政策文件等不同类型学术文献的结构与特点
2	第四章	了解学术文献阅读的基本原则
3	第五章	简单了解正确的文献检索、筛选和整理技巧
4	第六章	认真学习泛读的技巧，尤其是综述类文献的阅读方法、跳读筛选法，以及不同类型文献的针对性阅读方法等——这些技巧同样适用于任何一个学科或专业的入门读物
5	第七章第一节	认真学习精读的技巧，尤其是如何做好精读笔记，包括批注式、复述式、引证式等不同的精读笔记方法
	第七章第二节	掌握通篇精读的基本技巧，学会如何带着猜想、批判和比较去阅读
	如有兴趣还可以看看第七章第三节、第四节	初步了解选择性精读、互动精读的方法与技巧
6	第八章	针对自己的需求做一个简单然而非常重要的复盘，在结束阅读本书之前，确认一下将来你要反复练习的那些阅读技巧

第四节
想写一篇学术论文

还有一类读者可能会很适合读这本书。因为学业或者工作的需要，他们想尽快聚焦一个主题，高效率写出一篇规范的学术期刊论文。但是由于种种原因，他们在学术文献阅读方面下的功夫不够深，阅读量也不够大，还没能摸索出适合自己的阅读技巧，当然更不曾独立写作过一篇学术期刊论文，所以眼下真是感觉无处着手。

有这类学术文献阅读需求的读者通常是刚刚入门一个专业的硕士研究生或博士研究生，或者新入职了教育机构、研究机构的年轻人，缺乏学术文献阅读和写作经验，还可能是多年前已经拿到某个专业的学位，但是近年来不曾完整实践过学术期刊论文阅读和写作的人。

另外，一些硕士研究生、博士研究生可能需要尽快打好文献基础，围绕一个主题准确获取丰富的相关文献，从而写出一篇规范的学位论文，向导师和各位学位论文评审人充分展示自己良好的文献基本功。这类读者也不妨充分了解并且扎实练习本书中涉及的学术文献阅读技巧。

综上，如果你就是这样一名学习者，迫切需要在较短的时间内以较高的效率写出一篇学术期刊论文或者学位论文，那么，你应该了解如何检索、筛选并高效阅读以下专业性较强的学术文献。

- 拟聚焦主题的入门级学术著作和进阶级学术著作。
- 拟聚焦主题的各类型学术期刊论文，以及相关主题的高质量综述类学术期刊论文。
- 拟聚焦主题的高价值学位论文。
- 与拟聚焦主题相关的专业数据库。
- 拟聚焦主题所涉领域的政策文本及政策文本解读文章。

为此，你需要认真学习并掌握文献搜索、筛选技巧，并摸索出适合自己的文献笔记方法和笔记模板，还要能够熟练建立关于拟聚焦主题的个人文献库。你也需要了解如何泛读和精读各类学术文献，并且在学术论文写作的整个过程中反复练习这些阅读技巧。

如果确定你的学术文献阅读需求是写一篇学术论文，特别是，如果这是你第一次尝试独立写作一篇学术论文，就请你完成下面的任务 2-5，沿着适合你的学习路径，获取一套完整的学术文献阅读技巧吧。

■ **|任务 2-5|** 为独立写作学术论文而开启的学术文献阅读之旅

步骤	认真阅读本书以下章节	完成以下操作
1	第三章	简单了解学术著作、学位论文、期刊论文、政策文件等不同类型学术文献的结构与特点
2	第四章	了解学术文献阅读的基本原则
3	第五章	简单了解正确的文献检索、筛选和整理技巧，尤其是加强个人文献库的整理
4	第六章	认真学习泛读的技巧，尤其是综述类文献的阅读方法、跳读筛选法，以及不同类型文献的针对性阅读方法等——这些技巧同样适用于任何一个学科或专业的入门读物
5	第七章第一节	认真学习精读的技巧，尤其是如何做好精读笔记，包括批注式、复述式、引证式等不同的精读笔记方法
	第七章第二节	掌握通篇精读的基本技巧，学会如何带着猜想、批判和比较去阅读
	第七章第三节	掌握选择性精读方法，为快速精读、研究方法借鉴和论文写作引证等做准备
	第七章第四节	掌握互动精读法，为深化领域问题理解、验证想法、拓展视野、寻找灵感做准备
	第七章第五节	掌握归纳精读法，为论文中文献综述、问题梳理、数据统计等部分的写作做准备
6	第八章	针对自己的需求做一个简单然而非常重要的复盘，在结束阅读本书之前，确认一下将来你要反复练习的那些阅读技巧

第三章

知识准备：

四类常用学术文献的结构与特点

本章导读

在探讨学术文献阅读的各种方法和技巧之前，你需要先了解你经常要遇到、要阅读的几类学术文献。只有充分熟悉它们，你才能够更轻松、更全面地掌握学术文献阅读技巧，最终更高效率、更高质量地完成学术文献阅读。

本章选择了学术研究和学术写作过程中最常使用的四类学术文献，即学术著作、学位论文、学术期刊论文、政策文本，逐一向你介绍它们的结构与特点，特别是你在未来阅读和写作过程中需要注意的那些结构要素与特点。

这里需要说明：在第一章中，除了上述四类学术文献，还提到过另外两类学术文献——教材和专业数据库。由于教材的结构与特点同学术著作高度相似，而专业数据库主要是汇总并提供研究资料，因此，本章将不会专门介绍它们的结构与特点。本章的内容要点如图 3-1 所示。

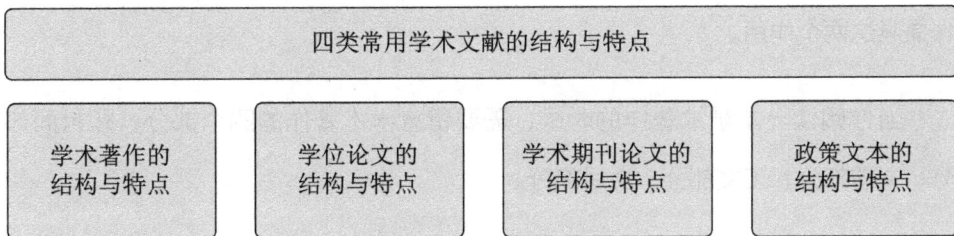

四类常用学术文献的结构与特点

学术著作的结构与特点	学位论文的结构与特点	学术期刊论文的结构与特点	政策文本的结构与特点

图 3-1　第三章的内容要点

第一节
学术著作的结构与特点

学术著作主要用来展示个人对某一特定主题所进行的全面而系统的研究，或者用来展示某一学科全面而系统的知识体系。在国内，学术著作都由出版社公开出版。

相比于其他学术文献，学术著作的内容更加系统，时效性也更长。

概括起来，公开发表学术成果有两个主要作用，一是及时传播最新学术成果，二是公示、确认著作权人（作者）对学术成果的所有权。毫无疑问，学术著作兼具这两个作用。

当你阅读一本学术著作的时候，需要留意学术著作的四个部分，即封面部分、文前部分、正文部分、文后部分。

一、封面部分

按照我国对出版物的相关规定，所有学术著作的封面都要列出中文书名、著作权人姓名、出版机构名称，方便你查询、区分。很显然，这三个要素是你在阅读、写作时需要格外留意的。

二、文前部分

学术著作的文前部分至少需要包含以下要素。

1. 内容提要

内容提要主要用来扼要介绍整本书的内容结构、特点，也可以简单提示该书的适用范围。当你决定要不要读某本著作时，内容提要能为你快速提供信息。

2. 作者简介

作者简介主要用来介绍著作权人（作者、译者或编者等）的基本情况，也可以帮助你识别或筛选学术著作的重要信息。

3. 版权页

版权页又称版权记录页或版本说明页，这是每一本图书必不可少的结构要素，其中除了书名、著作权人、出版机构等信息，还标注了版次（出版时间）和印次（第几次印刷），你需要留意。在你引用学术著作内容的时候，需要准确标注该书的版次。

4. 前言

前言，如丛书前言或本书前言，主要说明丛书或本书的基本内容、写作（或编著、翻译）意图、成书过程、学术价值，以及编委或著译者的介绍等。一篇合格的前言能帮助你快速了解成书背景和全书特点。

5. 序

序又称序言。作者序言由作者本人撰写，主要介绍本书的中心内容、特点、适用范围和其他必须说明的情况；非作者序言一般是由作者邀请知名专家或组织编写本书的单位所写，通常会对本书进行实事求是的评价，介绍作者或书中内容涉及的人物和事件。

6. 目录

目录当然就是对整本著作每个章节标题和对应页码的汇集，能够给你关于全书篇章结构、内容详略甚至撰写风格的直观感受，从而帮助你决定是否阅读这本书、如何阅读这本书，并且能帮助你快速定位章节内容。

三、正文部分

正文是一本学术著作的核心组成部分。学术著作的正文通常按篇、章、节排列，包含文字、表格、图片等内容。篇、章、节及节以下的小标题与正文内容严格对应，层次结构清楚，体例准确。

学术著作的各篇之间、各章之间、各节之间都应当有严谨的逻辑关系，是作者观点、认识、研究成果的成体系的表达。因此，正文是我们阅读一本学术著作时重点要关注的部分。

四、文后部分

1. 附录

附录是附加在正文后面并且与正文内容密切相关的一个结构要素，通常会分类列出书中所涉文本资料、数据、图表等，供感兴趣和有需要的读者浏览和使用。

2. 参考文献

参考文献是按一定顺序排列的、在全书中被引用过的各类文献的著录信息汇总。对于打算就相关主题开展深入学习或者研究的你来说，参考文献显然能够帮助你快速找到感兴趣的相关文献。有的著作还会列出未在正文中正式引用，但与正文内容高度相关的一些文献，供读者参考。

3. 索引

很多学术著作为了方便读者查阅有关内容，还会特意编制内容索引或人名、地名、专有名词索引。最需要查阅索引的读者是那些打算围绕相关主题开展深入学习或者进一步研究的人。

第二节
学位论文的结构与特点

学位论文的作者是硕士研究生或博士研究生。学位论文是研究生对其过去几年围绕某个主题开展的专门、深入研究的成果汇总，因此，学位论文也是评价研究生培养质量的重要依据，在一定程度上决定了该研究生能否被授予学位。而对于后来的学习者和研究者来说，优质的学位论文能提供相关研究主题的丰富学术线索。一般来说，学位论文篇幅较长，大多数硕士学位论文可能不超过 10 万字，博士学位论文的字数则常常为 10 万 ~ 30 万字。

相比于其他学术文献，学位论文专业性更强，与专业结合得更加紧密。

和学术著作类似，学位论文同样具有传播学术成果、公示成果所有权的作用。但此外它还有一个对学术阅读来说更有意义的作用，那就是展示研究状况与研究范式。这个作用突出表现在两个方面：一是通过规范、系统的文献综述，体现研究生的研究视野与研究能力，同时也为后来的研究者展示相关主题已有研究的状况及脉络；二是通过对规范、严谨的研究过程的叙述，展示该研究主题适用的研究范式，供后来的研究者参考。

当你阅读一篇学位论文时，需要留意其结构上的四个部分。下面我们将一一为你介绍。

一、封面及相关部分

1. 中文封面

封面决定了学位论文给人的第一印象，除了自带"仪式感"，它还能提供相关的信息，方便读者了解学位申请人的姓名、学位颁发机构（通常是申请人就读的大学）、导师姓名等基本信息，如图 3-2 所示。

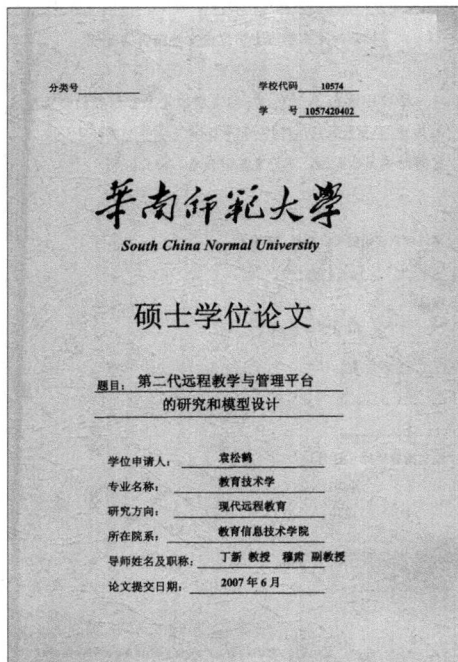

图 3-2 学位论文封面

2. 题名页

论文题目应能概括整篇论文最重要的内容，用词准确得体，简短精练，外延和内涵界定恰如其分，一般不宜超过 25 个字。若简练题名不足以显示论文内容或反映系列研究的性质，则一般要加副标题。一篇高质量的学位论文一定有一个高质量的论文题目，在准确揭示研究核心的同时，方便你识别和筛选。

3. 学位论文答辩合格证明

通常有答辩人签名和答辩委员会委员、论文指导老师的签名。通常，当你阅读一篇学位论文的时候，这篇论文已经通过答辩了。图 3-3 所示为学位论文答辩合格证明。

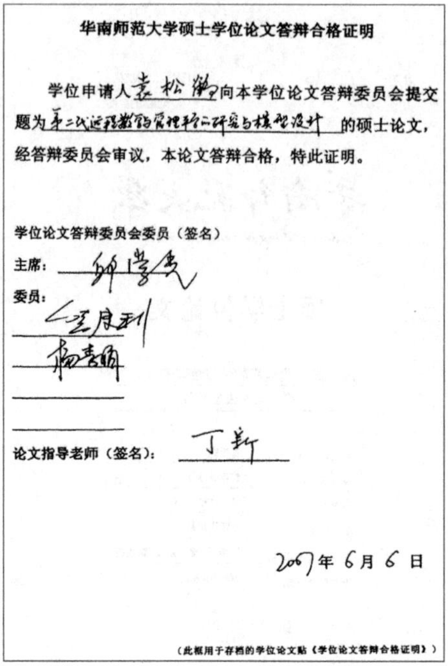

华南师范大学硕士学位论文答辩合格证明

学位申请人袁松鹤向本学位论文答辩委员会提交题为第二代远程教学管理平台研究与模型设计的硕士论文，经答辩委员会审议，本论文答辩合格，特此证明。

学位论文答辩委员会委员（签名）

主席：

委员：

论文指导老师（签名）：丁新

2007年6月6日

（此框用于存档的学位论文贴《学位论文答辩合格证明》）

图 3-3　学位论文答辩合格证明

4. 学位论文原创性声明、公开与否的标注及学位论文使用授权书

这几个结构要素对你了解和阅读学位论文并没有太多影响。毕竟，通常当你阅读一篇学位论文的时候，这篇论文就已经具备足够的原创性，并且可以公开了。

二、文前部分

1. 摘要

摘要是对学位论文内容的高度概括，其篇幅通常比学术著作和学术期刊论文的提要或摘要更长，因为学位论文的摘要需要介绍研究背景、所聚焦的研究问

题、所确定的研究目的、所采纳的研究设计和方法、所获得的研究发现和结论等完整内容。学位论文的摘要通常需要同时提供中文和英文两个版本。

2. 关键词

关键词通常放在摘要后。学位论文的关键词一般为 3 ~ 5 个，可以帮助你快速、准确地查询论文并了解论文的主题。

3. 目录

和学术著作的目录类似，学位论文目录包括正文各个层级的标题，也会标明参考文献、附录、索引等内容的基本情况和页码，方便了解论文概貌，并查阅相关内容。图 3-4 所示为某学位论文的目录。

图 3-4 某学位论文的目录

4. 图片和表格目录

图片和表格目录常见于一些图片和表格较多的学位论文，其中应当包括图片和表格的名称与对应的页码，方便查询。

三、正文部分

论文的正文部分是对研究工作的详细呈现，主要包含以下要素。

1. 前言或引言

前言或引言位于论文正文的开头，主要介绍研究的政策背景或实践背景，凸显研究的价值，提示研究方向。

2. 中心部分

中心部分也就是论文的论证部分，通常包含研究背景、研究问题、文献综述、理论基础、研究设计、研究实施、研究发现等。论证部分含有丰富的文字、表格、图片等内容要素，也涉及对有关文献的引证。

3. 结论部分

结论部分主要与前言或引言呼应，对论文的内容做出总结概括，内容一般应包括：本研究的结论是什么；研究解决了什么问题，特别是对前人的有关研究结论做了哪些修正、补充、发展、证实或否定；研究有什么不足之处或因故遗留、未予解决的问题，建议如何解决这些问题等。结论部分可能不会占据太长篇幅，但往往是你阅读这篇学位论文时不可忽略也不愿忽略的部分。

四、文后部分

学位论文的文后部分包含三个要素，每一个要素都是你在阅读时需要留意的。

1. 附录

附录通常用来记录重要的表格、数据、公式、程序等资料，供有需要的读者查阅甚至引用。

2. 参考文献

此处会遵循统一的格式，将论文中所引用、参考过的文献按一定顺序列出。当然，如果你要跟踪与这篇论文的研究主题相关的各种文献，必定不会舍得放过文末的参考文献部分。

3. 致谢

在这一部分，学位申请人以书面的形式向自己的指导老师及其他给过自己建议和帮助的人表示感谢。阅读学位论文的人也许能在这个部分发现与论文主题相关的其他重要研究者。

第二节
学术期刊论文的结构与特点

和学术著作、学位论文比起来，学术期刊论文是用较短篇幅来集中论述一个研究问题。目前，普通学术期刊论文的篇幅多为 5000~8000 字，核心学术期刊论文篇幅一般在 1 万字以上。

从作用来看，学术期刊论文同样有传播、公示两个作用，并且因为学术期刊出版具备及时性，因此学术期刊论文具有学术著作、学位论文不可及的时效性。也正是由于其在时效性上的优势，学术期刊论文能方便读者了解相关领域的最新进展、最新热点，捕捉学术研究的前沿。

学术期刊论文通常由三部分组成，即文前部分、正文部分和文后部分。

一、文前部分

学术期刊论文的文前部分包含四个要素，每一个都是作为阅读者的你不能忽视的，如图 3-5 所示。

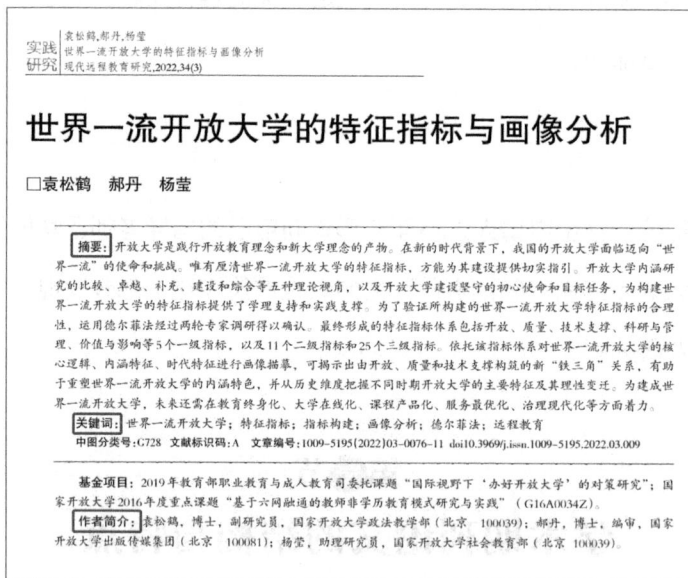

图 3-5　学术期刊论文的文前部分

1.标题

标题又称篇名、题名等。它是论文核心内容集中而简要的呈现，旨在准确、具体地反映学术期刊论文的主题，起到统领全文的作用，同时也是文献检索的重要依据之一。

2. 作者信息

作者信息通常包含作者姓名、工作或就读单位等信息。通过作者信息，你可以快速追踪到由同一个作者或同一个团队所推动的同一主题的研究进展。

3. 摘要

摘要又称概要、内容提要，是学术期刊论文的简明文摘。它以高度浓缩的形式，在 200 ~ 300 字的篇幅内，扼要介绍论文所涉的研究背景、研究价值、研究方法、研究发现、研究结论等，非常方便你快速获取全文最核心的内容。

4. 关键词

关键词是反映学术期刊论文主题和核心内容的词或词组。关键词既是文献检索的重要依据，也是你在阅读过程中快速了解论文内容、筛选论文的重要依据。

二、正文部分

学术期刊论文的正文部分大致可以分为以下三大块内容。

1. 引言

引言又称绪论、前言等，是论文的开篇，通常用于说明论文撰写的实践背景、政策背景或学术背景，介绍开展相关研究的目的，并由此凸显研究价值、聚焦研究问题。

2. 正文

正文是学术期刊论文的核心部分，重在分析、研究和解决问题，对研究内容进行全面的阐述和论证，是论文的学术水平、学术价值的集中反映。整篇论文中信息含量最高的模块，如文献综述、研究设计、研究实施、研究发现、研究结论，都集中在这里呈现。所以，毫无疑问，正文部分也是你精读这篇论文时一定会涉及的部分。

3. 讨论、反思与建议

讨论、反思与建议是学术期刊论文正文的最后一个部分，但不可忽视其重要性。如果论文作者是一名有经验、有责任心的研究者，一定会在此对已经完成的整个研究做一个有深度、有广度的探讨，并对研究可能存在的不足进行反思，为后来的研究者提供有价值的建议。而这些讨论、反思和建议，既是你阅读时不可忽视的，也是你未来开展相关研究时可以参考的。

三、文后部分

学术期刊论文的文后部分通常包含两大块内容。

1. 致谢

虽然不是每篇学术期刊论文都会有致谢部分，但是，如果作者在开展研究和构思、撰写论文的过程中，接受了别人的指导或建议，或者接受了有关单位和个人在技术、资料、信息、物质或经费等方面的帮助，通常都要在此表达感谢，并清楚说明致谢的原因。因此，致谢部分也能显示有哪些对该研究感兴趣的机构和有深厚积累的研究者。

2. 注释和参考文献

注释主要有两类：一类是释义注释，是对论文内容的解释说明与评论；一类是引文注释，交代引用内容的出处。这两类注释都有助于你更进一步理解论文内容。文后的参考文献是论文中引用过的所有文献资料的信息汇总，当然也会为你进行后续阅读和研讨提供丰富的线索。

第四节
政策文本的结构与特点

政策文本即政策文件对应的文本。政策文件是指政府机构、政党组织等颁发的各类政策性、规范性文件，通常都有明确的文件编号或颁发时间。相比其他学术文献，政策文本篇幅较短，但信息含量可能非常大。近年来，党中央要求为基层减负。为落实党中央要求，多地政府明确文件字数限制，如浙江省委、省政府发布的政策性文件一般将字数控制在 5000 字以内；湖南省则要求，除中长期规划等文件外，其他党内法规和规范性文件、综合报告不超过 5000 字，专项工作报告不超过 2000 字。

政策文件既有传播、公示的作用，更因其发文部门所承担的社会角色而具有其他文献不可替代的导向与规范作用。换句话说，政策文件能够为学术研究提供政治、行政上的导向和行业领域发展上的规范。随着互联网的发展与应用，政府官网更加注重数据的公布与维护，政策文件也增加了数据公示与共享的功能。由此，各级各类政策文件文本成为学术研究和学术写作中经常需要使用的一类学术文献。

根据《党政机关公文处理工作条例》（中办发〔2012〕14号），党政机关公文分为15类。日常工作中，还可按照其他一些标准进行分类，例如按照行文的方向将党政机关公文分为上行文（请示、报告、议案、意见等）、下行文［决议、决定、命令（令）、公报、公告、通告、通知、通报、批复、意见等］、平行文（函等）及通行文（纪要等）等。

根据中华人民共和国国家标准《党政机关公文格式》（GB/T 9704—2012），政策文本通常由三部分组成，即版头、主体、版记（通常所说的文头、正文、结尾），如图3-6所示。

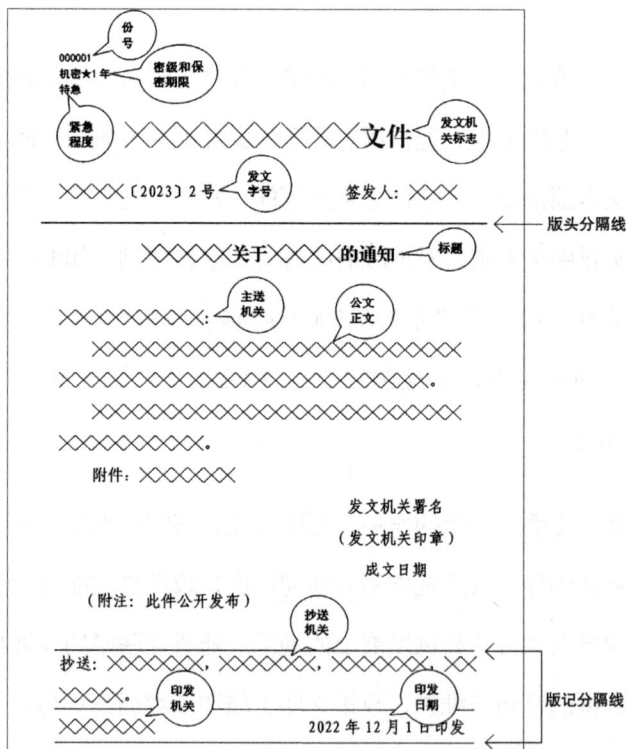

图3-6　政策文本样例

一、版头部分

政策文本的版头部分主要包含份号、密级和保密期限、紧急程度、发文机关标志、发文字号、签发人，以及版头中的分隔线等。

1. 份号

如需标注份号，一般用 6 位 3 号阿拉伯数字，顶格编排在版心左上角第一行。

2. 密级和保密期限

密级指涉密公文的保密程度，分"秘密""机密""绝密"三级，通常顶格编排在版心左上角第二行。保密期限中的数字用阿拉伯数字标注。

3. 紧急程度

急件公文分为"特急""急件"两种。紧急程度通常顶格编排在版心左上角。如政策文件同属于密件，紧急程度标注在密级和保密期限的下方。

4. 发文机关标志

发文机关标志通常由发文机关全称或规范化简称与"文件"二字组成，如"国家发展和改革委员会文件""××省人民政府文件"等。一些特定公文可只标识发文机关名称（函件）。发文机关标志居中排布，上边缘至版心上边缘为 35mm，通常使用小标宋体字，颜色为红色。当你在引述政策文本的时候，常常需要准确提及发文机关名称。

5. 发文字号

发文字号（简称文号）由发文机关代字、年份、发文顺序号组成，如"×政发〔2021〕82号"，"×政发"指发文机关代字，"〔2021〕"指年份，"82号"指发文顺序号，整个发文字号表示××省人民政府在2021年所发的第82号文件。发文字号编排在发文机关标志下空二行处，居中排布；年份、发文顺序号用阿拉伯数字标注；年份采用全称，用六角括号"〔〕"括入；发文顺序号不加"第"字，不编虚位（即不编为01），在阿拉伯数字后加"号"字。同样地，你在阅读政策文本并做阅读笔记的时候，或者当你将来在学术写作中引用政策文本的时候，都需要准确呈现对应的发文字号。

6. 签发人

签发人是指核准和签署行政公文的机关领导。凡是上行文，要在发文机关标志下空二行、发文字号的右侧标注签发人姓名。

7. 版头中的分隔线

位于发文字号之下4mm处，居中的一条与版心等宽的红色分隔线。

二、主体部分

政策文本的正文部分主要包含标题、主送机关、正文、附件说明、发文机关署名、成文日期、印章、附注、附件等要素。

1. 标题

公文的标题一般由发文机关、事由和文种三部分组成。以《××省人民政府办公厅关于进一步做好春季农业生产和当前农村经济工作的通知》为例，其中，"××省人民政府办公厅"是发文机关，"进一步做好春季农业生产和当前农村经济工作"是事由，"通知"是文种。标题的事由习惯以由介词"关于"和表达公文主要内容的词组组成的介词词组来表示，作为公文种类的定语。事由应当准确简练，概括出公文的主要内容。由此可见，单单依据标题，你足够判断是否需要深入阅读这篇政策文本了。

2. 主送机关

主送机关指行文的主要对象，与抄报和抄送机关共同构成受文机关。上行文一般只写一个主送机关，必须同时报送几个主送机关的，可以用抄送形式；下行文可以有两个以上的主送机关，如果主送机关过多，则一般用规范的统称，如"各地行政公署，各市、自治州人民政府，省政府各部门"等。

3. 正文

正文是公文的核心部分，表述公文的基本内容。正文通常由开头、主体、结语三个部分组成，其中，前两个部分是你在阅读时需要注意的。开头一般交代发文的根据、目的和原因，说明文件的重要性，可供你进一步确认是否要阅读或引用这一政策文本。主体部分交代公文事项和要求，是你需要重点阅读的内容。

4. 附件说明及附件

公文如有附件，通常是对公文所涉内容的具体规定或进一步展开，因此，附件也是你需要重点阅读的部分。

附件说明通常在正文下空一行、左空二字标出。如有多个附件，使用阿拉伯数字标注附件顺序号，如"附件：1.×××××"。

附件具体内容应当另面编排，并在版记之前，与公文正文一起装订。如附件与正文不能一起装订，应当在附件左上角第一行顶格编排公文的发文字号并在其后标注"附件"二字及附件顺序号。

5. 发文机关署名、成文日期、印章、附注

发文机关署名是 GB/T 9704—2012 标准中新增的要素。当有多个发文机关时，需要按顺序排列并加盖印章。这几个要素和作为阅读者的你关系并不大，因此这里就不详细介绍了。

三、版记部分

政策文本的版记部分包括版记中的分隔线、抄送机关、印发机关和印发日期等要素。除了分隔线，其他几个要素都是你引用这一政策文本时一定要用到的。

1. 抄送机关

抄送机关指除主送机关外需要执行或知晓公文的其他机关。

2. 印发机关和印发日期

印发日期以公文付印的日期为准，用阿拉伯数字标注。这两个信息是你在学术写作中引用政策文本时需要用到并且需要仔细核对的。

|任务 3-1| 阅读文献，了解其结构与特点

（1）选取 2 ~ 3 篇与你关注的主题相关的某类学术文献，可以是学术著作、学位论文、学术期刊论文或政策文本。

（2）进行快速阅读，做标注笔记。重点标注其行文结构等。

（3）进行学术文献结构与特点的比较分析。其中，特点分析可以是这 2 ~ 3 篇学术文献之间的特点比较，也可以是这类学术文献与其他类型学术文献的特点比较。填写表 3-1。

表 3-1　代表性文献结构与特点分析表

阅读类型	A. 学术著作；B. 学位论文；C. 学术期刊论文；D. 政策文本	
文献名称	主要结构	主要特点
文献 1：		
文献 2：		
文献 3：		
小结	（总体感受）	

第四章 思想准备：

学术文献阅读的四个基本原则

本章导读

对于学术文献阅读，很多人都有过这样一种感觉：虽然读了许多学术文献，耗费了大量精力，却没有找到自己想要了解的内容，更没有从中获得任何帮助……为什么读了和没读差不多？

怎样才能又快又稳地掌握学术文献阅读的技巧？怎样才能高效率、高质量地阅读学术文献？这恐怕就需要你掌握学术文献阅读的一些基本原则，并且了解如何把这些基本原则恰到好处地用起来——而这，正好是本章想要帮助你实现的小目标。

本章将用四节内容分别介绍学术文献阅读的四个基本原则（见图 4-1）。第一节将向你介绍需求匹配原则，并且结合常见的四种学术阅读需求谈一谈如何将这一原则融入实际的学术阅读过程中。第二节将向你介绍效率优先原则，并且以学术著作、学位论文、学术期刊论文为例，为你具体讲解如何在学术文献阅读过程中融入这一原则。第三节将向你介绍吸纳与批判相结合原则，在简要说明何谓"吸纳"、何谓"批判"之后，还会详解将该原则融入学术阅读过程的三个步骤。第四节要介绍的全局与部分相结合原则，是你在学术文献阅读过程中需要时刻牢记的一个原则，为了帮助你更直观地理解这一原则，我们会以学术期刊论文为例，详解将该原则融入学术阅读过程的四个步骤。

学术文献阅读的四个基本原则			
需求匹配 原则	效率优先 原则	吸纳与批判 相结合原则	全局与部分 相结合原则

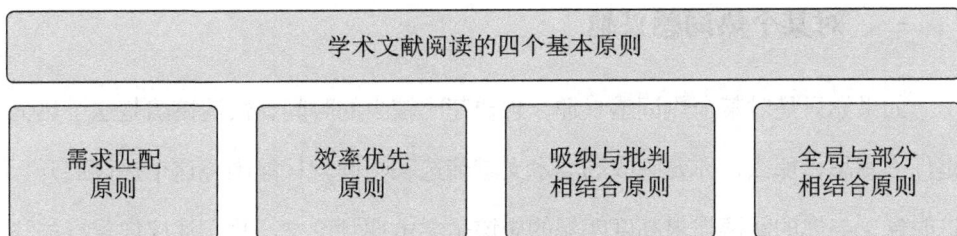

图 4-1　学术文献阅读的四个基本原则

本章学习目标 >>

- 了解需求匹配原则，熟悉其在学术文献阅读中的应用。
- 了解效率优先原则，熟悉其在学术文献阅读中的应用。
- 了解吸纳与批判相结合原则，熟悉其在学术文献阅读中的应用。
- 了解全局与部分相结合原则，熟悉其在学术文献阅读中的应用。

第一节
需求匹配原则

顾名思义，需求匹配原则是指所选、所读学术文献要与阅读者个人的阅读需求相匹配。

在这一节，我们将结合本书第二章"破冰：为什么要阅读学术文献"所列的四种学术阅读需求，向你讲述如何将需求匹配原则融入实际的学术阅读过程中。

一、对某个热词感兴趣

如果你只是对某个热词感兴趣，想要花比较少的时间，快速搞清楚这个热词是什么意思，那么，你要完成的学术文献筛选和阅读就只能围绕这个热词展开。这时候，与你的阅读需求高度匹配的应该是学术期刊论文。我们建议你重点关注以下几类学术期刊论文。

第一类是直接涉及热词概念的学术期刊论文。

这类论文一定会对热词的基本概念进行阐述或探讨，分析其定义的内涵和外延，通常还会对热词所引发的现象进行"热"思考或"冷"思考。因此，这类论文会帮助你直击这个热词的根本。

对这类论文的检索，可以直接用热词本身作为检索词，检索的维度可以选择"关键词检索"。筛选论文时可以采用"被引数最高"这一标准。

第二类是与热词相关的综述类学术期刊论文。

这类论文的"综述"特点决定了其一定会关注纵向的一个时间段内，或者横向的一个时点上或较短的时间区间中，与热词有关的理论研究或者实践探索的情况，非常有助于你高效率了解热词相关的趋势与动态。

对这类论文的检索，可以直接用热词本身加上"综述"作为检索词，检索的维度可以选择"关键词检索"或"主题检索"，当然，"篇关摘（篇名、关键词、摘要）检索"也是可以的。筛选论文时可以采用"被引数最高"或"下载数最高"作为标准。

第三类是与热词相关的单维度探索类学术期刊论文。

这里所谓的单维度探索类学术期刊论文，是那些选取了与热词有关的某一个维度、某一个视角，并由此深入开展理论或实践探索的论文。这样的论文能够在某一个维度上给你提供专业性的信息和启示，帮助你更具体地了解你所关心的这个热词。

以"慕课"（Massive Online Open Course，MOOC，大规模在线开放课程）这个热词为例：慕课的平台建设、慕课的课程设计、慕课的学习者和学习行为、慕课的学习效果评价和课程质量评价等，都是与"慕课"相关的实践维度，涉及这些维度的学术期刊论文也都是你想要准确了解慕课时可以稍微深入读一读的。

对这类论文的检索，可以直接用热词本身作为检索词，检索的维度选择"主题检索"就可以了。筛选论文时建议采用"被引数最高"或"下载数最高"作为标准。

一点提醒： 尽量关注学术文献！

我们经常在试图了解某个热词的时候，直接用微信搜索相关公众号和相关文章。这样的操作非常便捷，并且因为其便捷，已经成为很多人的习惯操作。

但是，如果你想更准确、更全面地了解一个热词，特别是，如果你了解这个热词是为了给将来的学术写作打基础，我们还是想建议你优先考虑筛选和阅读学术文献。毕竟，因为载体本身的特点，以及文章篇幅较短，公众号文章很难帮你建立起专业、系统而全面的认识。

（1）确定你要了解的那个热词，写在表 4-1 中。

（2）登录一个文献数据库，比如中国知网、超星等。

（3）用热词本身作为检索词，选择"关键词检索"，搜索并筛选出被引数最高并且直接涉及热词概念的学术期刊论文。从中找出 1 ~ 3 篇文献，把其信息记录到表 4-1 中，并把对应的论文下载下来。

（4）用热词本身加上"综述"作为检索词，选择"关键词检索"或者"主题检索"，搜索并筛选出被引数最高或者下载数最高的综述类学术期刊论文。从中找出 3 篇文献，把其信息记录到表 4-1 中，并把对应的论文下载下来。

（5）用热词本身作为检索词，选择"主题检索"，搜索并筛选出被引数最高或者下载数最高的单维度探索类学术期刊论文。从中确定至少 3 篇从不同维度出发展开讨论的文献，把其信息记录到表 4-1 中，并把对应的论文下载下来。

（6）阅读这些文献，综合你在阅读中的体会，把你刚刚形成的对这个热词的理解写在表 4-1 中。到此，你就算是初步了解了你所关心的热词啦！

表 4-1　快速了解一个热词

我想了解的热词：
直接涉及热词概念的学术期刊论文： （1） （2） （3）
与热词相关的综述类学术期刊论文： （1） （2） （3）
与热词相关的单维度探索类学术期刊论文： （1） （2） （3）
现在，我是这么理解这个热词的：

二、想了解某个专业

专业选择这件事当然得非常慎重了。不过，当你刚开始琢磨这事儿的时候，只需要对你感兴趣的专业有个大致的了解，这时候，与你的阅读需求高度匹配的应该是该专业的基础教材、学术著作和学位论文。

通过一个专业的基础教材，你可以系统、全面地了解该专业的来龙去脉，看清该专业的基本知识体系构成，明白这个专业"是什么"，知道学完这个专业可以做什么，从而形成关于这个专业的浅显但准确的基本认识。你可以直接在网上书店平台搜索各专业的基础教材，不过请留意教材的作者和出版社，尽可能选择最有专业声望的作者与更讲究出版质量的出版社。当然，你也可以登录开设该专业的大学院系网站，搜索该专业的阅读书单或者考研书目——这些书单或书目一定包含该专业最基础、最重要的教材。

通过一个专业的学术著作，你可以了解该专业不同时期的重要成果，特别是近期的学术动态，明白这个专业有哪些值得深入研究的方向，以及适用的研究范式和研究方法等，从而形成关于这个专业的更全面、更深入的认识。你可以直接在网上书店平台搜索各专业的学术著作，但是一定要留意著作的作者和出版社，尽可能选择最有专业声望的作者与专注学术出版的出版社。当然，你也可以登录开设该专业的大学院系网站，在那里搜索该专业的阅读书单或者考研书目——这些书单或书目也会推荐专业相关的经典学术著作。

通过一个专业的硕士和博士学位论文，尤其是最近两年的学位论文，你可以系统地了解这个专业的硕士、博士们都在哪些细分方向上开展专门研究，并且能够准确地知道近年来该专业中流行的研究范式、研究方法，并直观感受研究的难度，从而帮助你进行专业选择。你可以登录学术文献数据库搜索并获取各个专业的硕士和博士学位论文。

一点提醒： 谨慎采用学术期刊论文去了解一个专业！

毫无疑问，你也可以通过筛选和阅读有关的学术期刊论文来获得对一个专业的种种认识。但是，由于学术期刊论文总量太大、更新太快，可能不利于你高效筛选所需论文。此外，单篇论文所涉及的专业知识也不够完整，不能帮助你花较少的时间更全面、更准确地窥得一个专业的全貌。并且，有些质量不够高的学术期刊论文提供的还可能是一些并没有在专业范畴内达成共识的、不成熟的观点，可能会对你造成误导。

因此，在这里，我们没有推荐你优先通过阅读学术期刊论文去了解一个专业。

三、想扎实学好某个专业

如果你已经选定了一个专业并顺利入学，现在想要扎实学好这个专业，深入掌握那些重要的基本概念、理论架构，以及本专业常见、常用的研究范式与研究方法，并全面了解这个专业的最新研究进展，那么，基础教材、学术著作、学位论文、学术期刊论文能够满足你的学术阅读需求。此外，与你所学专业相关的政策文本、数据库，也都是你此时必须积极利用的学术文献资源。

为了学好一个专业，你当然要认真精读专业课老师推荐的那些基础教材、学术著作。但除此之外，你也有必要去网上书店平台搜索一下这个专业畅销的其他教材和学术著作，或者去你们学校图书馆的网站上搜索一下这个专业教材和学术著作中被借阅次数最多的那几本，然后系统地读一读。认真读完几本基础教材和经典学术著作之后，你至少能够在脑子里搭建起这个专业的基本知识架构。

为了学好一个专业，你还需要去图书馆、资料室或者学位论文数据库寻找本专业近年的硕士学位论文和博士学位论文，由此充分了解这个专业近年来的发展方向，以及常见、常用的那些研究范式、研究方法等。

至于学术期刊论文，当然也是你为了学好一个专业必须经常阅读的。但是，此时，我们想建议你，不要着急去文献数据库搜索单篇论文，而要先搞清楚你所在的专业有哪些权威期刊、核心期刊，然后针对性地浏览这些期刊上的论文，从而准确了解你们专业最新的研究方向和研究方法。

最后，你所在专业相关的各种政策文本及其解读文章，以及各种专业数据库，也都可以从不同角度提供有用的资料和信息，满足你"想要学好这个专业"的需求。

四、想写一篇学术论文

如果你的需求是"写一篇学术论文"，无论你打算写的是学术期刊论文还是学位论文，能够满足你这一需求的学术文献几乎覆盖了所有类型：基础教材、学术著作、学位论文、学术期刊论文、政策文本及专业数据库。换句话说，你需要筛选并阅读所有类型的学术文献，才有可能写出一篇优秀的学术期刊论文或学位论文。

当然，此时你选择各类学术文献的侧重点和数量，要和满足前面三种需求时不太一样。通常而言，入门一个专业之后，才会考虑写学术论文，所以此时你应该已经熟读了本专业的基础教材和学术著作。此外，为了写一篇学术论文，你一定已经有了明确的论文选题，那么你需要检索和阅读的学术期刊论文、政策文本，以及你需要使用的专业数据库内容，就应该更加聚焦了。

第二节
效率优先原则

效率优先原则，是指在学术文献阅读的过程中，要始终追求以尽可能少的精力投入和时间投入，获取尽可能多、尽可能优质的学术信息，追求尽可能高的学术阅读质量。

在这一节里，我们将以学术著作、学位论文、学术期刊论文为例，为你具体讲解如何在学术文献阅读过程中融入效率优先原则。在本书第三章"知识准备：四类常用学术文献的结构与特点"中，我们已经向你介绍了这三类文献的结构要素和每一个要素的特点。要在对这三类文献的阅读中贯彻效率优先原则，就要抓取并阅读有效信息浓度高的文献结构要素。

一、效率优先原则与学术著作

对于学术著作来说，其有效信息浓度较高的结构要素包括内容提要、前言、目录、结论，以及你识别出来的重要篇章。

基于效率优先原则来阅读学术著作，你可以从内容提要中了解这本书的主题、特点和适用范围，从前言中了解其写作意图、内容梗概甚至核心观点，从目录中纵览全书的篇章结构，具体感受全书的内容架构和每一章的主题。内容提要、前言、目录结合起来，能帮助你识别这本书的重要结论在何处，以及有哪些篇章值得你快速阅读，又有哪些重要篇章值得你仔细阅读。

■ **|任务 4-2|** 基于效率优先原则来阅读一本学术著作

在这个任务中，你需要先选择一本之前没有读过的学术著作，把书名写在表 4-2 所示的阅读笔记模板中。在完成前四个步骤的时候，请注意把阅读时间控制在 30 ～ 40 分钟。

（1）阅读这本著作的内容提要，把你从中了解到的与全书主题、特点和适用范围相关的信息，逐一记录在表 4-2 中。

（2）阅读这本著作的前言，把你从中了解到的本书的写作意图、内容梗概、核心观点，逐一记录在表 4-2 中。

（3）浏览这本著作的目录，了解全书的内容架构和每一章的主题，扼要记录在表 4-2 中。

（4）把这本著作的内容提要、前言、目录结合起来，识别出值得你仔细阅读的重要篇章，同样记录在表4-2中。

（5）仔细阅读你识别出来的重要篇章，把所得所感记录下来。

表4-2　高效率阅读一本学术著作

书名：	
全书主题：	
全书特点：	
适用范围：	
写作意图：	
内容梗概：	
核心观点：	
全书内容架构：	
各章主题：	
值得仔细阅读的重要篇章：	

二、效率优先原则与学位论文

对于学位论文来说，有效信息浓度较高的结构要素有标题、摘要、目录、文献综述、参考文献列表，以及除这些要素之外，你识别出来的重要章节或图表。

基于效率优先原则来阅读学位论文，你可以从标题和摘要中全面了解这篇论文的研究主题、研究背景、研究问题、研究设计、研究方法、研究发现和研究结论等一切重要的、核心的内容，从目录中了解论文的内容架构，并根据摘要和目录提供的信息确定你需要泛读或者精读的章节，以及值得特别关注的图表。此外，学位论文的文献综述通常涉及相关主题的众多高质量文献，并有深入的述评，也是你高效率了解相关研究主题所不能忽视的结构要素。最后，学位论文的参考文献列表也值得你简单翻阅一下，里面常常能提供一些值得精读的文献。

■ |任务 4-3| 基于效率优先原则来阅读一篇学位论文

在这个任务中，你需要先选择一篇之前没有读过的学位论文，把论文标题写在表 4-3 所示的阅读笔记模板中。在完成前五个步骤的时候，请注意把阅读时间控制在 40 分钟内。

（1）阅读这篇论文的标题和摘要，把你从中了解到的研究主题、研究背景、研究问题、研究设计、研究方法、研究发现和研究结论等一切重要的、核心的内容，逐一记录在表 4-3 中。

（2）阅读这篇论文的目录，把你从中了解到的论文的内容架构，扼要记录在表 4-3 中。

（3）根据摘要和目录提供的信息，确定你需要泛读或者精读的章节，以及值得特别关注的图表，并将这些章节和图表扼要记录在表 4-3 中。

（4）快速阅读这篇论文的文献综述部分，挑出质量最高的几篇文献，记录在表 4-3 中。

（5）快速浏览这篇论文的参考文献列表，继续挑选值得关注的文献，记录在表 4-3 中。

（6）仔细阅读你识别出来的重要章节和重要图表，并做好阅读笔记。

（7）追踪你挑选出来、值得进一步关注的文献，酌情阅读，并做好阅读笔记。

表4-3 高效率阅读一篇学位论文

论文标题：
研究主题：
研究背景：
研究问题：
研究设计：
研究方法：
研究发现：
研究结论：
内容架构：
需要泛读或者精读的章节：
值得特别关注的图表：
值得进一步关注的文献：

三、效率优先原则与学术期刊论文

对于学术期刊论文来说，有效信息浓度较高的结构要素有标题、摘要、目录、文献综述、研究设计、研究结论、参考文献列表，以及这些要素之外你识别出来的其他重要部分。

基于效率优先原则来阅读学术期刊论文，你可以从标题和摘要中快速了解整篇论文的主题、研究背景、研究价值、研究方法、研究发现、研究结论——当然，前提是这篇论文的摘要非常规范。如果论文的摘要不够规范，或者你确认自己需要更深入阅读这篇论文，那么，文献综述部分一定能帮你了解与论文主题相关的其他重要文献，研究设计、研究结论部分可能会向你提供这项研究最有价值的信息，而文末的参考文献列表也可以为你进一步追踪这个研究主题提供一些关于优质文献的线索。

基于效率优先原则阅读学术期刊论文的具体操作步骤，同基于该原则阅读学位论文的步骤基本一样，在此就不再专门设计任务了。但是请你一定花一点时间，高效率读一篇学术期刊论文，再次感受一下效率优先原则。

第二节
吸纳与批判相结合原则

吸纳与批判相结合原则是学术阅读中好用又常用的一个重要原则。毫无疑问，"吸纳"和"批判"是这一原则的两大要点。

什么是学术阅读中的"吸纳"？泛泛地说，阅读时发现自己不了解、不明白的有用信息，经过理解，将其纳入自己的知识体系，这就是"吸纳"。大部分情况下，当一名学术阅读新手把自己沉浸在学术文献当中时，都在全心全意地"吸纳"。不用怀疑，学术阅读的大部分时间都会用在"吸纳"这回事上。

但是，如果想要快速提升自己的学术阅读水平，特别是如果想要快速积累有用的学术知识并尽快开启学术写作历程，光有由外而内的"吸纳"恐怕是不够的。有经验的学术阅读者一定会在吸收、采纳文献内容的同时，积极启动批判性思维，从每一种学术文献当中发掘出更多有深度的内容，用来帮助自己进一步提升学术阅读和学术研究的能力，并为接下来的学术写作打好基础。

那么，什么是学术阅读中的"批判"？关于这个问题，大概学界很难形成共识吧。或者我们可以这样说，对文献所提供的观点或事实等进行识别、分析、评估，并基于此，发现文献相关部分或整体所存在的任何不完善之处，并且绝不就此停步，而是继续深入探索，最终通过有证据、有逻辑的思维过程，得出超越已有文献的、可信服的新观点，这可能就是学术阅读中值得推崇的批判吧。

一点提醒： 有破有立才是有价值的批判！

所谓"批判"并不等于挑刺。特别是在学术阅读过程中，所有的"批判"都是为了帮助自己更好地学习、更好地积累、更好地提升。因此，一定要时刻提醒自己"有破有立"，只有在批判的基础上提出自己的观点，并想办法通过逻辑推理论证的过程把自己的观点立住，这样的批判才是有价值的。

你在破与立的批判过程中，如果能及时记录自己的思考过程及思考过程中所用到的文献，等你将来需要写作的时候，会发现这些记录是如此有用！

那么，如何把吸纳与批判相结合原则融入学术阅读过程？简单来说，只需要以下三步。在此，我们以学术期刊论文为例。

第一步，快速阅读并做好笔记。

在这一步，你需要花较短的时间，比如 10 ~ 15 分钟，快速阅读一篇学术期刊论文，边读边标记出论文中的核心内容，包括作者聚焦的研究问题、采用的研究方法、论证的过程、获得的结论等，将其中有用的东西吸纳到你的知识框架当中。同时，还要记录下让你觉得有启发或有困惑的任何地方，作为你下一步批判的起点。

第二步，开放提问并做好笔记。

继续聚焦这篇论文，围绕你在第一步中所标记、记录的内容，提出你的问题。此时，不必限定问题的类型或者数量。通常，你可以从这些问题出发：

- 作者为什么写这篇论文？这篇论文是否具备作者所言的价值？
- 作者为什么聚焦这样的研究问题？你是否认可这些研究问题的价值？
- 作者采纳的研究资料是否合适，有无缺陷？
- 作者的论证过程是否清晰、完备，有无漏洞？
- 作者的结论是否论证过程的自然产出，两者是否对应？你是否赞同作者的结论？
- 这篇论文给你启发的地方，为何让你有启发？
- 这篇论文让你困惑的地方，为何让你困惑？

当然，你还可以提出更多问题，只要你觉得这些问题有助于你深入理解这篇论文。所有的问题都需要记入阅读笔记当中。

第三步，带着问题去阅读并做好笔记。

带着你的这些问题，试着用 30 分钟甚至更长时间，去精读这篇论文。在这一次的阅读过程中，你要努力找到以上问题的答案，并及时把这些答案扼要记录下来。如果你发觉自己获得的答案与这篇论文的观点相违背，不必着急，请回头确认一下你获得答案的过程。如果确认无误，那你一定是已经在批判的过程中有所收获了。恭喜你！

■ |任务4-4| 基于吸纳与批判相结合原则来阅读学术期刊论文

在这个任务中，你需要先选择一篇自己感兴趣的学术期刊论文，把论文标题写在表4-4所示的阅读笔记模板中。在完成以下步骤的时候，请注意适当控制阅读时间。

（1）用10～15分钟快速阅读这篇论文，边读边标记出论文中的核心内容，包括作者聚焦的研究问题、采用的研究方法、论证的过程、获得的结论，以及阅读过程中你产生的困惑等，逐一记录在表4-4中。

（2）再次回顾这篇论文，就论文的方方面面，提出3～5个问题，并扼要记录在表4-4中。

（3）带着你的这些问题，试着用30分钟甚至更长时间，去精读这篇论文，为你的每一个问题寻找答案，并把答案也扼要记录在表4-4中。

（4）如果你发现自己获得的答案与这篇论文的一些观点相违背，别着急，请回头确认一下你获得答案的过程，看看到底是你疏忽了，还是作者疏忽了。如果最后发现是你疏忽了，没关系，修改阅读笔记中的答案即可；如果最后发现是作者疏忽了，恭喜你，你超越了作者！

表4-4 边吸纳、边批判，阅读一篇学术期刊论文

论文标题：
研究问题：
研究方法：
论证过程：
研究结论：
我的困惑：
关于这篇论文，我有以下5个问题需要寻找答案。 问题一： 我找到的答案： 问题二： 我找到的答案： 问题三： 我找到的答案： 问题四： 我找到的答案： 问题五： 我找到的答案：

一点提醒： 在批判阅读的过程中，及时寻求外界帮助！

当你阅读手头这篇论文时遇到不确定的地方，或者产生了无法解决的困惑，千万不要死磕。你需要及时寻求外界帮助，或者找一些相关的优质论文来对照阅读，或者请教一下身边的老师、同学。别人的视角、别人的观点也许能给你不少的启发。

第四节
全局与部分相结合原则

全局与部分相结合原则是你阅读学术文献时需要时刻牢记的一个原则。当你灵活掌握这一原则后，你就能时时刻刻保持细致的局部观与敏锐的全局观。

全局与部分相结合原则可以从微观、中观、宏观三个层面的关系来解剖。微观层面的关系是指整篇文献（作为全局）与文献要素（作为部分）之间的关系；中观层面的关系是指整个研究范畴（作为全局）和单篇文献所涉主题（作为部分）之间的关系；宏观层面的关系是指整个学科领域（作为全局）和特定研究范畴（作为部分）之间的关系。只有了解并把握好这三层关系，你才能一层一层跳出单篇文献的局限，既见"树木"又见"森林"，获得尽可能丰富、尽可能全面的收获。

那么，如何把全局与部分相结合原则融入学术阅读过程？你要完成的是以下四个步骤。在此，我们还是以学术期刊论文为例。

第一步，微观层面的全局与部分相结合。

当你刚开始阅读一篇文献的时候，你需要在沉浸于文献篇章细节的同时，时时提醒自己回望整篇文献的主题、主旨，并且在读完这篇文献之后，再花一点时间去梳理整篇文献的脉络，综观整篇文献的架构，在单篇文献的全局上去理解这篇文献为何如此论述、为何如此架构，以及文献的每一个要素是如何为文献全局做贡献的。

第二步，中观层面的全局与部分相结合。

当你感觉自己已经基本读透这篇文献的时候，你需要"跳一跳"，跳出这篇文献，进入其主题所在的研究范畴。在对该范畴进行一番基本了解之后，回望这篇文献，努力把握这篇文献的研究主题在整个研究范畴中的价值，并尝试评判这篇文献对于整个研究范畴的进一步丰富、完善是否起到了一些作用。

第三步，宏观层面的全局与部分相结合。

当你感觉自己对这篇文献所属的研究范畴已经有了初步了解的时候，还需要继续"跳一跳"，跳出这个研究范畴，进入其所在的学科领域，了解这个研究范畴与相关研究范畴的关联，由此明确这个研究范畴在整个学科领域中的位置、价值与前景，为自己后续开展进一步深入的学术阅读，乃至未来启动自己的第一次学术写作，明确选题的范畴。

第四步，回到起点。

到此，你还不能停步。你还有第四步要做：回到起点。此时，你需要带着你在微观、中观、宏观三个层面的三次全局与部分相结合的理解，回到最初阅读的那篇学术文献，再次评判这篇文献的质量和价值，确认你从中能够获得的收获。

一点提醒： 牢记最后要回到起点！

　　在实际的阅读过程中，因为你的阅读需求不同，或者因为文献类型不同、文献内容不同，你可能不需要在微观、中观、宏观三个层面完成三次全局与部分相结合的思考。在很多情况下，能完成微观与中观两个层面的思考就足够。但是，无论如何，请一定牢记，最后要回到起点，带着你对全局与部分更充分的理解，回到你最初阅读的文献，再次评判、再次确认。

第五章

文献准备：

学术文献的检索、分析与管理

本章导读

古人都说了："磨刀不误砍柴工。"学术文献阅读同样如此。严谨、细致的准备工作一定能帮助我们大大提高阅读的效率和质量。

毫无疑问，对学术文献基本知识的了解，对学术文献结构特点、内容特点的认识，还有对学术阅读基本原则的掌握，都属于必要而且重要的学术阅读准备工作。此外，特别值得学术阅读新手重视的另外一项准备工作就是学术文献的检索、分析和管理。后者将帮助我们获得关于文献的方方面面的信息，构建属于自己的文献库，为后续重要的泛读和精读打好基础。

本章讲练结合，带你充分了解学术文献准备的三个核心环节，即文献检索、文献分析和文献管理（见图5-1）。在第一节中，我们将向你介绍文献检索的三种方法，即类别检索、数据检索和跟踪检索。在第二节中，我们要向你介绍文献分析的两种方法，即工具分析法和标题分析法，这两种方法可以单独使用，也可以结合起来使用。在第三节中，我们则将向你介绍如何通过科学存储文献、准确标记文献、建立个人文献库来完成文献管理，为后续更好地阅读文献做好充分准备。

需要提醒你注意的是，无论是文献的检索、分析还是管理，可用的方法和工具都是任何一本书无法穷尽的。我们在这里仅仅选择了我们自己觉得容易上手、方便操作的那些方法和工具，供你参考和选用。期望你在实际的学术文献阅读过程中，结合自己的探索、体验和总结，组合出最适合你的工具包，逐渐形成最适合你的一套神奇方法。

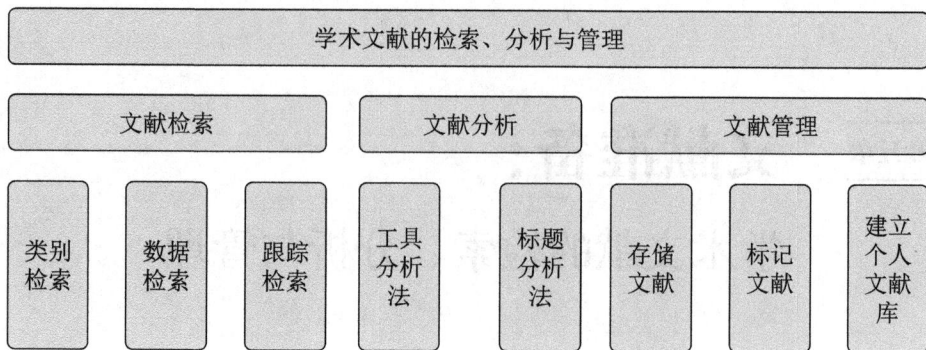

图 5-1　学术文献的检索、分析与管理

本章学习目标 >>

- 掌握文献检索中的类别检索、数据检索和跟踪检索方法。

- 掌握文献分析中的工具分析法和标题分析法，了解如何将二者结合起来使用。

- 掌握文献管理的常见步骤和方法，熟悉典型的文献管理工具的使用。

第一节
必须学会的文献检索

所谓文献检索，指为达到一定的目标，按一定的标准在海量文献中查找出所需文献的操作。由于检索之初即有目标、有标准，因此，文献检索通常和文献筛选紧密相连。

特别是在网络时代，文献的检索过程和文献的筛选过程基本上密不可分。以期刊论文数据库为例，文献检索显然不是在数据库中输入文献标题并单击检索按钮就结束了。事实上，基于期刊论文数据库的文献检索都需要先确定检索主题词和检索方式，进行伴随一次筛选的一次检索，然后根据你的需求进行伴随二次筛选的二次检索，以便更加准确地获得更多高质量文献。二次检索可以是类别检索，也可以是数据检索，还可以是跟踪检索，等等。

为了方便你理解和练习，我们还是以学术期刊论文为例来说明吧。

一、类别检索

所谓"类别检索"，顾名思义，是指根据文献的类别进行筛选和检索。

而所谓"文献的类别"可以从不同维度进行不同的划分。从外部形态来看，常见的文献类别无外乎学术著作、教材、学位论文、学术期刊论文、政策文本等。具体到学术期刊论文，又可细分为理论思辨类论文、实证研究类论文、综述类论文等。

当你初次针对一个主题开展文献的类别检索时，可以特别注意高水平综述类论文的检索。当你了解综述类论文方方面面的特点之后，自然会明白为什么文献检索时要重点注意这一类文献。

什么是"综述类论文"？

从结构来看，综述类论文是一种特殊的学术文献：首先，它具有一般学术期刊论文必备的基本结构要素，比如标题、摘要、关键词、正文、参考文献等；其次，它一定围绕某一个研究主题汇聚了众多相关文献，并按照一定的逻辑结构将这些文献的核心观点呈现了出来；最后，它的参考文献列表往往比较长，所列文献都与所涉研究主题高度相关。

从内容来看，几乎所有的综述类论文都要通过对各类已有文献的组织、对比、总结和评价，实现对相关研究主题的趋势归纳、现状剖析、问题探查等，最后针对当下的相关研究和相关实践给出各种建议。

由此可见，综述类论文结构规整，并且信息浓度高，能够一次性向你提供关于某个研究主题的众多文献的丰富信息。因此，我们建议你在进行文献检索时首先关注对这类文献的检索。

接下来，以综述类论文为例，介绍两种适合新手的类别检索方法。

方法之一：主题词组合检索

顾名思义，这个方法是通过特定的主题词或主题词组合来实现类别检索的。

在具体进行主题词组合检索时，可以采取以下两种不同的操作方式，你可以根据自己的需要或者习惯来选择其中之一。

第一种操作方式是一般检索。你需要先登录文献数据库，比如中国知网。此时，其主页上的检索框默认输入的是"主题"检索项（见图5-2），在这里输入你所关注的研究主题或研究方向，并加上"综述""概况""进展"等综述类论文的代表词汇，组合成为类似"继续教育综述""高等教育概况"的检索词，按下回车键，就能直接获得一批综述类论文。

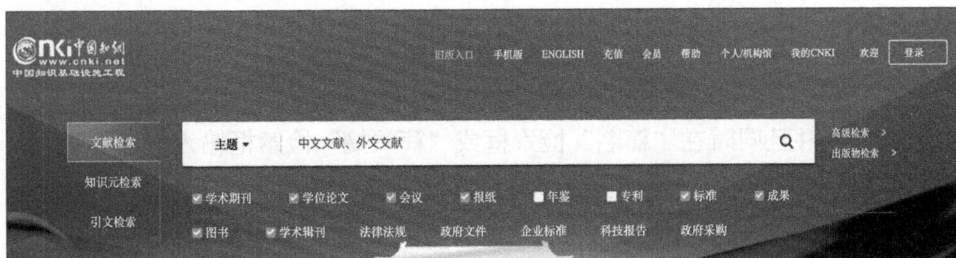

图 5-2　主题词组合检索之一般检索

■■■ |**任务 5-1**| 尝试用一般检索方式进行类别检索
....

（1）选一个你关注的研究主题（或研究方向），记录在下面的表 5-1 中。请注意，这个研究主题不要过于宽泛，要尽可能聚焦。

（2）从你的研究主题中提炼出关键词，加上"综述""概况""进展"等综述类论文的代表词汇，组合成为你的检索词，记录到表 5-1 中。

（3）登录中国知网等任何一个文献数据库，用你的检索词在库中进行主题检索，将所获得的综述类论文也记录到表 5-1 中。至此，你就完成了一次采用一般检索方式进行的类别检索啦。

表 5-1　用一般检索方式进行类别检索

我关注的研究主题：
我的检索词：
我用一般检索方式获得的综述类论文：

第二种操作方式是高级检索。此时，你需要从中国知网的主页进入"高级检索"页面，在该页面上选择"主题"检索项，输入你所关注的研究主题（或研究方向），并且同时在"篇名"检索框或"篇关摘"检索框输入"进展""研究""综述""概况""阶段"等综述类论文的代表词汇，按下回车键，就能获得很多综述类论文了。

■■■ |任务 5-2| 尝试用高级检索方式进行类别检索
....

（1）选一个你关注的研究主题（或研究方向），记录在下面的表 5-2 中。注意，这个研究主题不要过于宽泛，要尽可能聚焦。当然，你也可以沿用你在前一个任务中确定的那个研究主题。

（2）登录中国知网等任何一个文献数据库，打开该数据库的高级检索页面。

（3）从你的研究主题中提炼出关键词，填入数据库的"主题"检索框，同时将关键词记录在表 5-2 中。

（4）在"篇名"检索框或"篇关摘"检索框中输入"进展""研究""综述""概况""阶段"等综述类论文的代表词汇，把这些词也记录在表 5-2 中。

（5）按下回车键，进行高级检索，并将所获得的综述类论文记录到表 5-2 中。到此，你就完成了一次采用高级检索方式进行的类别检索啦。

（6）比较你在上一个任务和这一个任务中所获得的综述类论文，琢磨一下对你来说哪种方式是更有效的。

表 5-2　用高级检索方式进行类别检索

我关注的研究主题：
我的"主题"检索词：
我的文献类型检索词：
我用高级检索方式获得的综述类论文：

一点提醒： 如果想检索其他类型的文献呢？

　　在这里，我们主要是以综述类论文为例介绍主题词组合检索方法的操作的。如果你想用同样的方法检索其他类型的文献，可以对文献类型检索词做一些调整，改成其他类型文献的代表词汇。比如，理论思辨类论文对应的代表词可能是"浅析""思辨""理论""逻辑""概念"等，而实证研究类论文对应的代表词可能是"实证""假设""经验""案例""相关""因果"等。

方法之二：主题词 + 论文类别检索

　　顾名思义，这个方法是通过特定的主题词，并借助文献数据库对论文类别的判断功能，来最终实现类别检索。

　　在具体进行主题词 + 论文类别检索时，可以按照以下两个步骤来操作。

第一步，进入文献数据库的高级检索页面，选择"主题"检索项，输入你所关注的研究主题（或研究方向），如"继续教育"，然后按下回车键进行检索。

第二步，在检索结果页面左侧的"文献类型"一栏中，可以看到一个选项——"综述（53）"，如图 5-3 所示。这说明：数据库自动判断出，在目前的检索结果中，综述类论文有 53 篇。选中这一选项，即可查看相应的 53 篇综述类论文。

图 5-3　关键词＋论文类别检索结果页面

这种检索方法比较简单清晰，我们就不再专门设计练习任务了，但是请你一定登录文献数据库试一试。

一点提醒： 不要单纯依赖数据库返回的检索结果！

当你采用某种检索方法获得综述类论文之后，一定要牢记一点：这只是数据库平台检索的结果，不一定就能满足你的需求。一般来说，这样检索得到的结果可能会漏掉一些有用的综述类论文，也可能会纳入很多价值有限的综述类论文。因此，你还需要结合其他的检索方法进一步搜索和核对，更需要使用自己的判断力做进一步的筛选。

二、数据检索

所谓"数据检索"，顾名思义，是指根据文献发表后产生的重要数据来进行筛选和检索。文献的被引次数、下载次数、发表时间都算是重要数据。

在你进行学术文献检索的过程中，需要特别注意两类论文的检索：其一是被引次数很高的论文，其二是新近发表的论文。

（一）高被引论文的检索

高被引论文能被那么多作者关注并引用，确实说明其质量和价值都经受住了很多作者的审视，因此，这类论文非常值得你关注。

但是，你需要注意的是，如果一篇论文被引次数高，常见的原因只有两个：首先是论文的选题一定够热门、够有吸引力，其次是论文已经发表了一段时间。换句话说，选题越切中热点，发表时间越长，就越可能累积出较高的被引次数。而这两个原因，可能与论文本身的质量高低没有绝对的关联。

一点提醒： 怎么看待那些距今久远的高被引论文？

如果你尝试检索过高被引论文，一定会发现其中有那么一些论文发表时间距今十分久远。这类论文的内容往往已经不那么前沿、不那么热门。那么，该如何看待这些论文呢？

我们建议你结合发表时间、发表期刊、主题类型、下载次数来综合判断，筛选出最符合你的阅读需求和研究需求的那些高被引论文。

关于高被引论文的检索，我们先举一个例子。

如果在中国知网中，以"面向对象"为检索词进行主题检索，然后单击"被引"按钮，按被引次数由高到低排序，我们会得到图 5-4 所示的检索结果。很显然，其中被引次数最高的论文是 1999 年发表的《软件复用与软件构件技术》，来自核心期刊《电子学报》，虽然发表时间距今略久远，但由于论文主要讲解基础性知识，因此，似乎也可以作为基础阅读的文献。

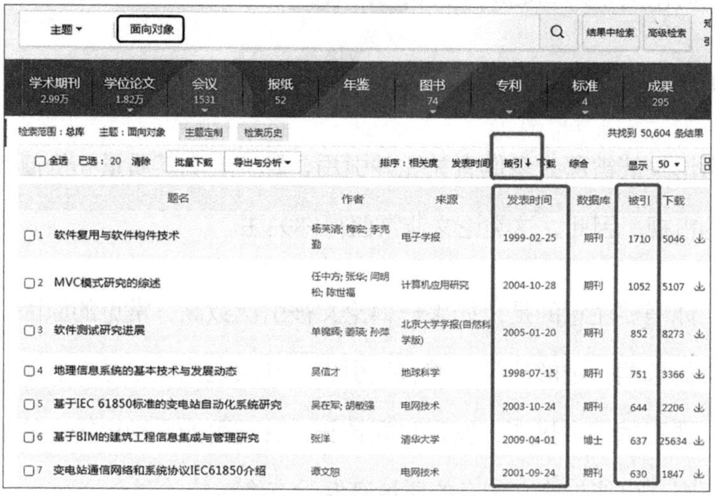

图 5-4 高被引论文检索

（二）新近论文的检索

新近发表的论文，不论选题多么贴近热点、质量多高，被引次数都不会很高，原因无他，面世时间太短，还没有来得及被更多人关注并大量引用。

但是，新近发表的论文能发表，说明其研究主题很大概率上符合当下研究领域和实践领域所重视的前沿、热点或最新进展，并且因此受到了学术期刊的肯定。所以，我们特别建议你在检索文献时关注新近发表的学术期刊论文。

当然，在筛选新近论文的时候，你也需要结合被引次数、下载次数、发表期刊等情况来综合考量。

关于新近论文的检索，我们也想举一个例子。

如果在中国知网中，尝试以"社区教育"为检索词进行主题检索，然后单击"发表时间"按钮，按时间由近及远排序，我们会得到图5-5所示的检索结果。

至此，文献检索并未完成。我们还要结合其他筛选指标作进一步的文献筛选和检索。比如，我们可以选择关注中文核心期刊刊发的新近论文；又如，我们可以关注被引次数较高的新近论文。由于文章比较新，被引次数都是0，因此主要选择前者作为关注点。我们会发现，《我国老年教育研究的热点主题与前沿演进趋势——基于 CiteSpace 的可视化分析》这篇文章来自核心期刊《成人教育》，说明其选题质量和写作质量有可能更高一些。

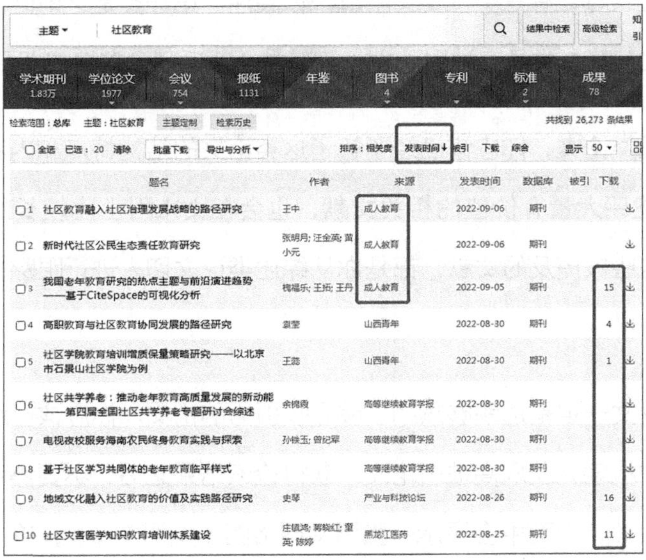

图 5-5　新近论文的检索

三、跟踪检索

每一篇学术文献都不会是孤立存在的。由于同一位作者常常产出多篇文献并引用不同文献，而不同的作者常常关注同一个主题并且引用同一篇文献，假以时日，众多文献就成为交错的"藤"上的"瓜"了。这让我们可以采用跟踪检索的方法，顺藤摸瓜，获取更多有价值的学术文献。

具体来说，顺藤摸瓜的跟踪检索法有助于我们聚焦某个研究主题，从与主题相关的重要文献、权威学者、科研项目切入，进一步查找值得细读的优质文献，最终形成对这个主题更加立体、全面的认识。

以下从检索的三个切入点来介绍如何顺藤摸瓜、跟踪检索。

（一）从重要文献切入

在文献检索时，有三类重要文献值得你关注。第一类是之前向你特别推荐过的综述类论文，第二类是高被引论文，第三类是新近刊发在权威期刊上的论文。

关于综述类论文，你应该已经了解了这类论文的结构特点和内容特点，知道这类论文会述评大量有价值的相关文献，也会在文末附上比较长的参考文献列表——所有这些被提及的文献，都是你从综述类论文切入进行跟踪检索时值得关注的。

高被引论文一定是选题够热门、够有吸引力的论文。你应该已经知道如何在文献数据库中检索并获取高被引论文。获得检索结果之后，不要停手，单击进入单篇文献的页面，页面中会显示一张引文网络图（见图 5-6），单击其中每一个椭圆图标，都能获得与这篇高被引论文相关的各类文献，比如共引文献、参考文献、二级参考文献、引证文献、二级引证文献、同被引文献。这些文献通常具有与这篇高被引论文相同或相近的研究主题，因此都值得你继续跟踪。

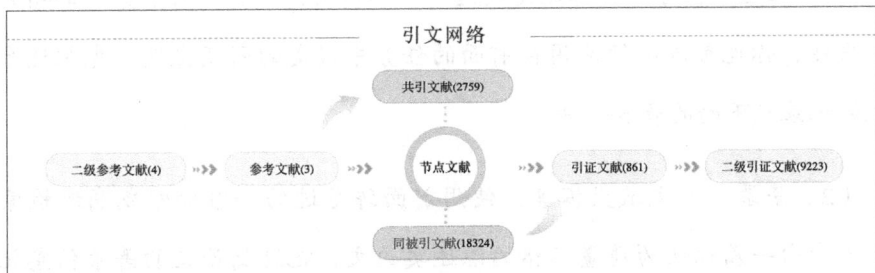

引文网络

二级参考文献(4) >>> 参考文献(3) >>> 节点文献 >>> 引证文献(861) >>> 二级引证文献(9223)

共引文献(2759)

同被引文献(18324)

图 5-6　高被引论文的引文网络图

一点提醒： 从高被引论文出发追踪获得的文献不一定是学术期刊论文！

在这里，我们主要是以学术期刊论文为例来讨论如何从重要文献切入，以跟踪检索更多有价值的文献的。学术著作等其他文献同样适用这种方法。与此同时，我们想要提醒你的是：从高被引论文出发进行跟踪检索，接下来所获得的文献就不一定是学术期刊论文了。你可能会发现其中有学术著作、经典教材、政策文本，甚至报纸文章、网站资源等。种种文献都有可能与你关注的研究主题高度相关，因此，都值得你琢磨一下是不是该读一读。

新近刊发在权威期刊上的论文，大概是新近论文中比较方便你跟踪检索的那一类论文。通常，我们默认权威期刊在审稿时对论文所引用参考文献的质量要求严格。因此，围绕你所关注的研究主题，去权威期刊上找到新近刊发的论文，你就可以跟踪其参考文献列表，从中发掘值得进一步追踪的文献。此外，新近刊发在权威期刊上的论文也会有自己的引文网络图，你同样可以从中发掘出各类相关文献。

（1）在这个任务中，你还是要选一个你所关注的、尽可能聚焦的研究主题。当然，你也可以继续使用在前面的任务中确定的研究主题。先把这个研究主题记录在下面的表 5-3 中。

（2）登录一个文献数据库，使用前面练习过的一般检索或高级检索方式，检索出一篇你认为质量不错的综述类论文，把这篇论文的著录信息记录在表 5-3 中。

（3）单击这篇综述类论文引文网络图中的椭圆图标，查看共引文献、参考文献、二级参考文献、引证文献、二级引证文献、同被引文献，从中选择你认为最有价值的三篇文献，并把它们的著录信息记录在表 5-3 中。

（4）在文献数据库中，检索出一篇与你的研究主题相关度最高的高被引论文，把这篇论文的著录信息记录在表 5-3 中。

（5）单击这篇高被引论文引文网络图中的椭圆图标，查看共引文献、参考文献、二级参考文献、引证文献、二级引证文献、同被引文献，从中选择你认为最有价值的三篇文献，并把它们的著录信息记录在表 5-3 中。

（6）在文献数据库中，检索出一篇与你的研究主题相关度最高的、新近发表在该领域权威期刊上的论文，把这篇论文的著录信息记录在表 5-3 中。

（7）单击这篇新近发表在权威期刊上的论文引文网络图中的椭圆图标，查看共引文献、参考文献、二级参考文献、引证文献、二级引证文献、同被引文献，从中选择你认为最有价值的三篇文献，并把它们的著录信息记录在表 5-3 中。

（8）到这里，你已经练习了从三类重要文献切入进行跟踪检索的方法，并且获得了 12 篇与你的研究主题高度相关的文献。接下来，你就可以下载并仔细研读这些文献了。

表 5-3　从重要文献切入进行跟踪检索

我关注的研究主题：
我检索出来的一篇综述类论文：
我从这篇综述类论文切入，跟踪到以下三篇有价值的文献：
我检索出来的一篇高被引论文：
我从这篇高被引论文切入，跟踪到以下三篇有价值的文献：
我检索出来的新近发表在该领域权威期刊上的一篇论文：
我从这篇新近发表在权威期刊上的论文切入，跟踪到以下三篇有价值的文献：

一点提醒： 从以上三类文献出发锁定的文献，也可以是重要文献！

以上三类文献属于重要文献，能帮助你顺利跟踪检索到更多有价值的文献。那么，从这三类文献出发锁定的那些值得阅读的文献，算不算重要文献呢？有些可以算，有些可能够呛。

对于某篇文献算不算"重要"，以及有多重要，你完全可以靠自己的理解力进行判断。

不必担心自己判断失误，只有多多练习，你在文献筛选、检索上的判断力才能稳步提高。

（二）从权威学者切入

要想从权威学者切入来进行跟踪检索，前提是要先确定重要文献，也就是前面所说的三类文献：综述类论文、高被引论文，以及新近刊发在权威期刊上的论文。当然，从这三类文献切入获取的高价值文献也可以归入重要文献中。

当你在文献数据库中找到这些重要文献后，自然也能看到这些文献的作者姓名和基本情况，从这些信息入手，你可以一步一步辨别谁可能是这个研究主题相关的权威学者。

还是以中国知网上的学术期刊论文为例。

在中国知网上打开一篇学术期刊论文，然后单击论文的作者姓名，就能打开作者的知网节页面。在这个页面里，你能看到这位作者的总发文量、总下载量，以及所有发表的文献、最高被引的文献、最高下载的文献、个人学位论文、主要合作者等信息，足够你初步判断这位作者在你所关心的研究领域中是否权威学者，以及这个领域的其他权威学者还有哪些。

如果你想更进一步精确地判别重要文献的作者是否权威学者，可以使用文献数据库中的学者库，比如中国知网的学者库，在其中检索你感兴趣的作者姓名，进一步查询其发文数量、被引频次、H 指数、G 指数及其排序等指标，如图 5-7 所示，据此可以更准确地判断这位作者在相关领域的分量。

当你检索出所关心领域的权威学者之后，继续跟踪他们发表的学术文献，再进一步跟踪与他们的学术文献高度相关的其他文献，自然就能筛选、检索出很多有价值的学术文献了。

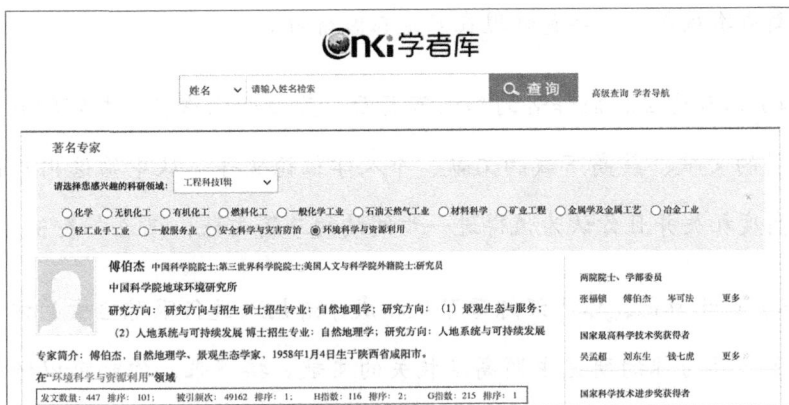

图 5-7　中国知网学者库查询结果

■ **|任务 5-4|** 练习从权威学者切入进行跟踪检索

在前一个任务中，你已经收集了 12 篇与你的研究主题高度相关的、有价值的文献。在这个任务中，你需要开始关注这些文献的作者。

（1）先把你的研究主题记录在表 5-4 中。然后，从这 12 篇文献的所有作者中，选出三位作者，作为你接下来要评判其权威性高低的学者。这时候，不必过分纠结你选得合适不合适，毕竟现在只是为了做一个练习。把你选出来的这三位作者的姓名也记录在表 5-4 中。

（2）登录一个文献数据库，比如中国知网，打开高级检索页面，分别用这三位作者的姓名进行作者检索，在检索结果中单击作者姓名，打开每一位作者的知网节页面，并横向对比，评判一下谁更"权威"。

（3）登录中国知网的学者库，再次用这三位作者的姓名进行检索，查询其发文数量、被引频次、H 指数、G 指数及排序等指标，确认一下你的判断。记得把你目前认为"最权威"的学者姓名记录在表 5-4 中。同样，不必纠结自己判断得准确与否，毕竟你现在只是在做练习。

（4）回到这位权威作者的知网节页面，关注这位作者发表的所有文献、最高被引的文献、最高下载的文献、个人学位论文等，从中筛选出与你的研究主题高度相关并且你认为值得进一步阅读的三篇文献，记录在表5-4中。

（5）到此为止，你已经练习了从权威学者切入进行跟踪检索的方法，并且获得了三篇与你的研究主题高度相关的文献。接下来，你就可以仔细研读这些文献了。

表5-4　从权威学者切入进行跟踪检索

我关注的研究主题：
我想自己评判一下这三位学者谁更"权威"： （1） （2） （3）
现在我认为这位学者在我关注的研究领域更"权威"：
我从这位学者切入，跟踪到以下三篇有价值的文献： （1） （2） （3）

（三）从科研项目切入

学术文献往往是某个科研项目的产出。学术期刊论文第一页的某个位置常常会标明该论文是某个科研项目或科研课题的研究成果。很显然，有分量的科研项目或课题有更大的概率产出有质量的学术文献。

文献数据库收录这些论文时，也会同时收录论文相关的科研项目或课题信息。这就为我们提供了跟踪检索的另一个重要切入点：根据科研项目信息检索较高质量的学术文献。

一点提醒： 科研项目如何分类？

科研项目通常可分为纵向项目和横向项目两大类。

纵向项目是上级政府机构、各级管理部门及与之相关的科研机构定立的科研项目，科研经费自上而下拨付给承担项目的研究团队。纵向项目又经常被分为重大项目、重点项目、一般项目、青年项目等诸多细类。

纵向项目至少包括国家级、省部级、厅局级、机构级等几个级别。常见的国家级项目包括国家社会科学基金项目、国家自然科学基金项目、国家科技计划项目等。常见的省部级项目包括国家部委相关司局下达的委托项目、全国教育科学规划设立的教育部课题、北京市社会科学基金项目、北京市自然科学基金项目、国家级课题子课题等。常见的厅局级项目包括省部级课题子课题、国家级学会课题等。而常见的机构级项目主要是指项目申请人所在单位之外的其他单位资助的科研项目。

横向项目则是指一些专门的科研单位接受政府或企业委托而设立或委托的项目，科研经费从这些科研单位拨付给承担项目的研究团队。

当你想要从科研项目切入进行学术文献的跟踪检索时，可以充分利用文献数据库。还是以中国知网为例。如果以"高质量教育"为检索词进行主题检索，你会看到检索结果页面左侧靠下方的位置有"基金"这个标签，单击该标签，就能看到各级各类科研项目对应的检索结果数量。单击勾选任何一类科研项目，就能获得该类科研项目中有关"高质量教育"这一研究主题的项目产出的众多学术文献，如图 5-8 所示。

图 5-8　科研项目检索结果页面

第二节
特别实用的文献分析

完成文献检索之后，可以马上开始阅读文献吗？当然可以。但是，如果此时能按捺住激动的"小心情"，认真做一做文献分析，也许能大大有助于你接下来提高文献阅读的效率，提升文献检索的质量，提升文献存储与分类的可靠性，并通过短时间内快速形成对研究主题相关文献的总体认识，加深对文献内容的正确理解。

在这一节，我们要向你介绍两种文献分析方法：工具分析法和标题分析法。这两种方法既可以单独使用，也可以结合起来使用。学完之后一定要试一试啊！

一、工具分析法

在使用学术文献的工具分析法时，我们通常可以借助两类工具。第一类是文献数据库，其自带的分析功能就能在一定程度上满足基本的文献分析需求。第二类是专门的文献分析工具，不同的工具通过不同的设计，能满足更加复杂的文献分析需求。

（一）借助文献数据库的工具分析法

文献数据库有很多种，它们提供的常用的文献分析功能大同小异。在这里，我们主要以中国知网为例，向你讲解中国知网提供的免费的文献分析工具。希望由此能帮助你快速获取与你感兴趣的研究主题高度相关的文献信息。

当你使用中国知网提供的免费文献分析工具时，可以按照以下步骤来操作。

第一步，登录中国知网，打开高级检索页面，用你感兴趣的检索词进行特定类型的检索。比如，我们在这里以"开放大学"为篇名检索词，同时以"开放大学"为关键词检索词，进行精确的高级检索，如图5-9所示。

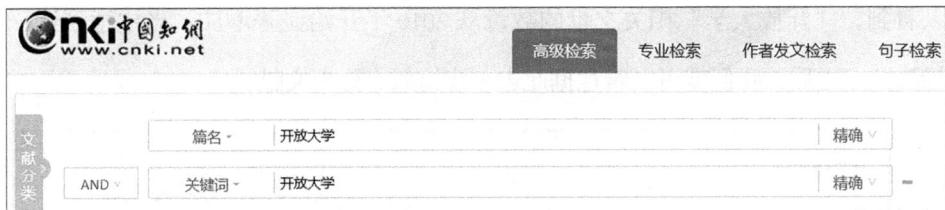

图5-9　在中国知网进行一次高级检索

按下回车键，我们可以在检索结果页面看到共有3053条检索结果，如图5-10所示。

第二步，单击检索结果页面中的"导出与分析"菜单，选择"可视化分析"子菜单中的"全部检索结果分析"，即可在新打开的页面中，看到中国知网对这全部3053篇文献进行自动分析的结果。

检索范围：总库　（篇名：开放大学（精确））AND（关键词：开放大学（精确））　主题定制　检索历史　共找到 3,053 条结果

	题名			来源	发表时间	数据库	被引	下载
□1	"十四五"时期基层开放大学生管理与思政教育的融合发展研究——以昌吉开放大学为样本			才智	2022-09-08	期刊		
□2	开放大学行动体系网络课程建设的理论设想	王喜雪		成人教育	2022-09-05	期刊	5	
□3	等保2.0下基层开放大学网络安全体系建设研究	陈华清		网络安全技术与应用	2022-08-30	期刊	14	
□4	雷锋精神在开放大学学生党史学习教育中的重要作用	刘飞云		豫章师范学院学报	2022-08-30	期刊		
□5	国外学分累积与转换实践对我国开放大学学分银行建设的启示	刘永权		开放学习研究	2022-08-20	期刊	42	
□6	开放大学中公私合作伙伴关系模式的应用研究	李恒广；魏学智		开放学习研究	2022-08-20	期刊	19	
□7	学生社团管理与发展：一个社会资本理论的分析框架——以开放大学学生社团为例	肖三秀		湖北开放大学学报	2022-08-20	期刊		

图 5-10　高级检索结果页面

第三步，在分析结果页面中，我们可以重点查看以下几个结果。

一是文献数量逐年变化所体现的总体趋势，如图5-11所示。从这张图中可以看到，"开放大学"相关文献的数量从2010年开始显著增加。当注意到这一趋势特点之后，我们就可以着意据此进一步检索、分析文献。

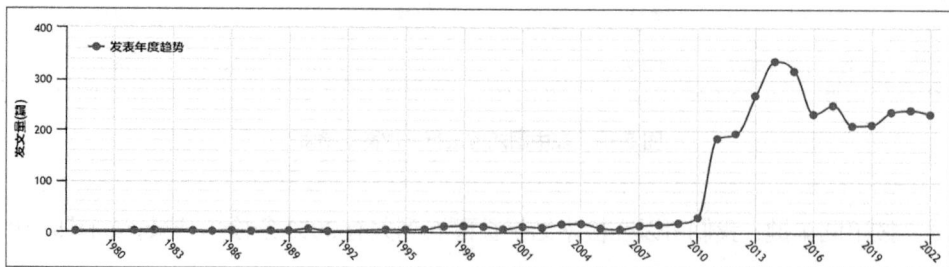

图 5-11　中国知网文献分析之总体趋势举例

二是相关研究的主要主题和次要主题的分类，如图5-12所示。结合这两张图所提示的信息，可以初步判断出与"开放大学"相关的研究主题有哪些类别，以及这些主题类别对应的文献数量。这也可以帮助我们进一步检索、分析文献。

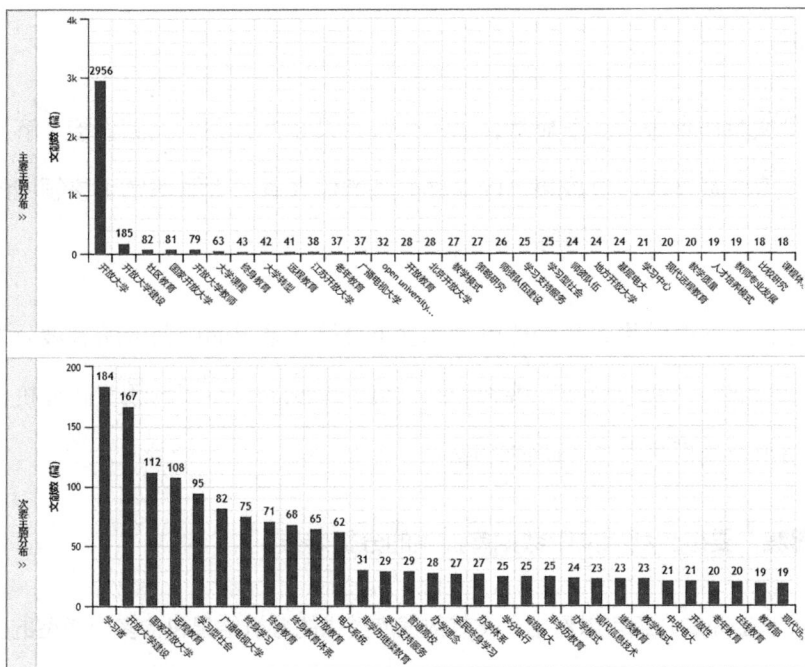

图 5-12　中国知网文献分析之研究主题举例（上图：主要主题；下图：次要主题）

三是"学科分布"和"研究层次分布"中体现的研究类型。在"学科分布"的分析结果中，可以清晰地看到"开放大学"相关研究主要分布在四个学科，即成人教育与特殊教育、教育理论与教育管理、高等教育、计算机软件及计算机应用，这与开放大学的机构特点、实践特点都是高度吻合的。在"研究层次分布"的分析结果中，则可以清晰地看到"开放大学"相关研究主要包括应用研究、开发研究、管理研究、政策研究、学科教育教学研究、技术开发研究等。这两方面信息结合起来，至少可以帮助我们明确进一步筛选文献的方向。

四是文献来源期刊分类。这一分析结果一目了然，可以帮助我们快速跟踪那些特别关注"开放大学"相关研究的期刊和杂志，进而检索到更多"开放大学"相关文献。

五是文献作者分布。很显然，这一分析结果非常有利于我们直接了解谁在这个领域发表了最多的研究成果。而这样的高产作者有更大概率属于该领域的权威学者。

除了以上五个结果，我们还可以在这个分析结果页面中获取所有被分析文献在"机构分布""基金分布"等方面的信息，据此进一步了解哪些研究机构、哪些基金资助机构更关注这一研究领域。

一点提醒： 要综合利用文献数据库提供的分析结果！

从上面的介绍可以看出，文献数据库提供的分析结果包含多个类型的多项数据信息，看起来非常全面。但是如果仔细琢磨，这些免费的分析结果似乎又比较浅显、简单。因此，我们想建议你，不要停留在这些分析结果提供的表面信息之上，一定要结合你对相关主题的了解，综合利用所有分析结果，最大程度地帮助自己找准文献检索方向、缩小文献检索范围、精确锁定高质量文献，最终为下一步的文献阅读打好基础。

■ **|任务 5-5|** 在中国知网上练习文献分析的工具分析法

（1）确定你打算关注的研究主题，填入下面的表 5-5 中。当然，你也可以继续使用你在之前的任务中选定的研究主题。

（2）将你的研究主题拆分成 1 ~ 3 个关键词，并为其设计好检索方式，比如主题检索、关键词检索、"篇关摘"检索等，分别记录在表 5-5 中。

（3）登录中国知网，打开高级检索页面，按你设计的检索方式进行检索，把检索得到的文献数量也记录下来。

（4）在检索结果页面，单击"导出与分析"菜单和"可视化分析"子菜单，选择"全部检索结果分析"。

（5）从上往下查看新打开的分析结果页面，并将获得的信息依次记录到表 5-5 中。

（6）试着把以上信息综合起来，思考一下你的收获，比如哪些主题、哪些作者、哪些机构值得进一步关注，下一步你打算怎么做，等等。把你的思考结果也记录到表 5-5 中。

表 5-5　练习使用工具分析法

项目	内容	
我关注的研究主题		
我选择的关键词和相应的检索方式		
检索得到的文献数量		
总体趋势分析	突出变化：	
	原因分析：	
文献数量最多的研究主题	（1） （2） （3）	
文献数量最多的研究类型	（1） （2） （3）	

项目	内容
文献数量最多的来源期刊	（1） （2） （3）
所涉文献最多的作者	（1） （2） （3）
所涉文献最多的机构	（1） （2） （3）
所涉文献最多的基金项目	（1） （2） （3）
我对以上信息的思考结果	（1） （2） （3）

（二）借助专门的文献分析工具的工具分析法

目前，专门的文献分析工具有很多，可以拿来做文献分析的工具更不少。下面主要向你介绍比较容易上手的三个文献分析工具。我们介绍的重点将集中在各个工具可以帮助你实现的文献分析功能上。

1. wizdom.ai

wizdom.ai 是由英国泰勒－弗朗西斯（Taylor & Francis）出版集团控股的一家公司开发的网站，它可以通过论文数据挖掘，帮助用户快速了解一个研究领域的主要期刊、文献动态、热点话题、研究者、研究机构、资金来源等，分析数据可以用于专业学习、同行评审，也可以用于研究者的文献综述等。

目前，wizdom.ai 软件可以兼容数百个出版商平台，如大家熟悉的 Crossref、PubMed、arXiv、Taylor & Francis 和 IEEE 等。

wizdom.ai 官方网站使用的标语是"intelligence for everyone"，也就是"面向所有人的智能服务"，如图 5-13 所示。

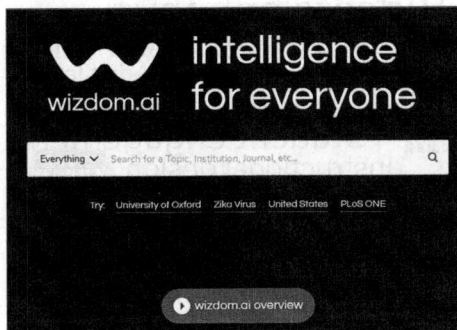

图 5-13 wizdom.ai 官方网站的标语

将 wizdom.ai 用于文献信息的初步检索，可以帮助你快速获取一些简单而必要的信息。比如，你可以选择在所有文献、期刊文献、某主题相关文献、某机构相关文献、某国家相关文献、某具体出版物等不同的维度进行文献检索，并针对检索结果进行一些简要分析，了解研究人员与出版物在不同国家的分布，或获取受欢迎的研究主题及其所涉顶尖期刊、所涉顶级学者等重要文献信息。

举个例子。以"distance education"（远程教育）作为主题词（topic）在 wizdom.ai 进行检索，可以生成一系列的分析图，包括出版活跃程度（文献数量）、引用趋势、研究者全球分布、代表研究者和机构、关注较多的主题，以及基金来源分布、顶级期刊、顶级出版商、顶级作者、顶级机构等。其中，对关注较多的主题的分析结果图如 5-14 所示。由该图可以看出：远程教育研究领域中出现的次数较多的主题有混合学习（Blended learning）、视频电话通信（Videotelephony）、教学（Tutoring）、开放大学（Open university）、移动学习（M-learning）、学生参与（Student engagement）、教学设计（Instructional design）等。

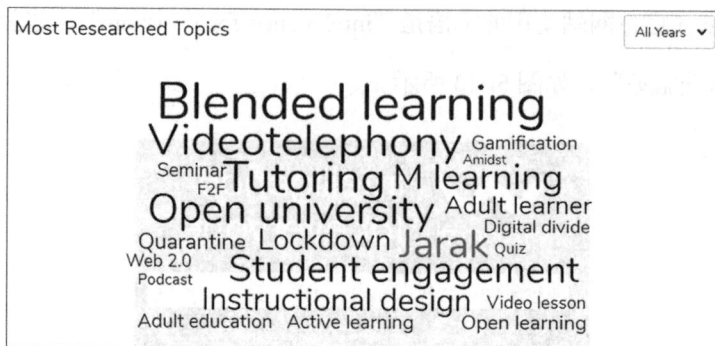

图 5-14　wizdom.ai 进行文献分析的结果

2. Connected Papers

Connected Papers 是阿里巴巴达摩院员工设计研发的论文相似性可视化工具，其主要功能是检索相似论文，并用图表的形式呈现这些论文之间的关系。Connected Papers 官网首页如图 5-15 所示。

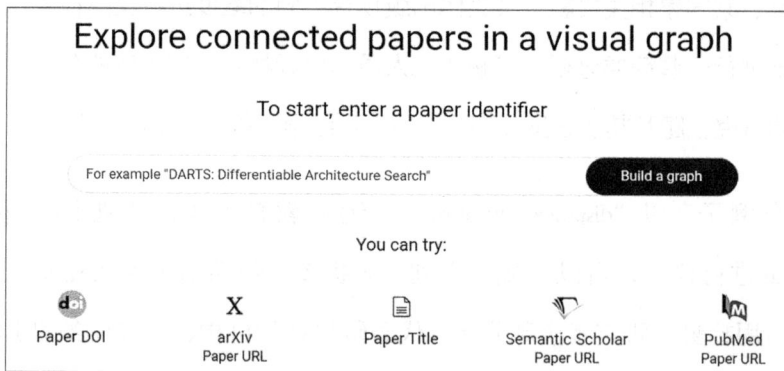

图 5-15　Connected Papers 官网首页

简单来说，使用 Connected Papers 进行文献分析需要完成以下两个步骤。

第一步，登录网站，在检索框中输入关键词，如"open university"，单击"Build a graph"按钮开始检索，稍后系统会列出与该关键词相关的所有文献。

第二步，从这些文献中选择一篇文献，如选择 S. V. 杰弗斯（S. V. Jeffers）等人 2017 年发表的一篇文献，点击其标题所在区域，Connected Papers 将会为你自动生成这篇文献的关系图，如图 5-16 所示。在这张关系图中，所选文献及相关文献都会以大小、颜色不同的小球来表示。

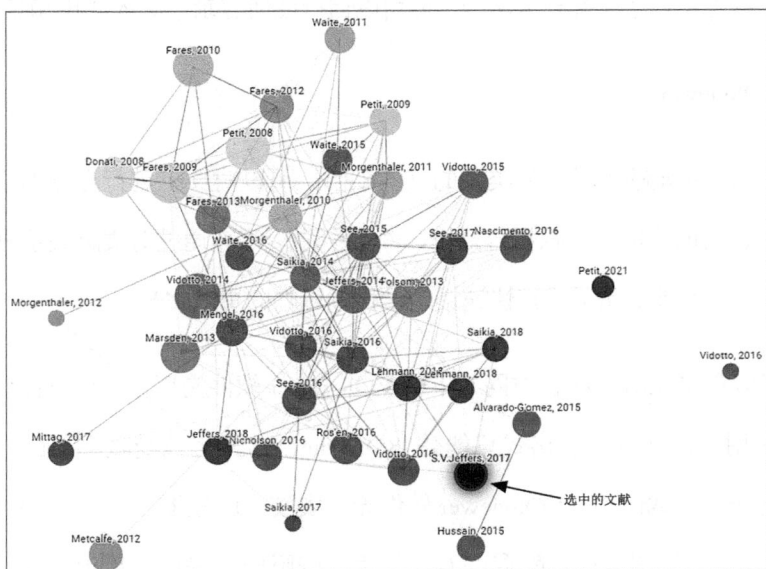

图 5-16　Connected Papers 文献关系图

（1）每个小球代表一篇文献，边框突出且标为暗红色的小球代表你刚选中的文献。

（2）每个小球标明第一作者和发表年份，小球颜色越深代表时间越近。

（3）小球的大小与被引次数有关，小球越大表示被引次数越多。

（4）小球之间的线条表示引用关系，相似的文章距离较近或连线颜色较深。

（5）将鼠标指针移到某个小球上时，右侧边栏会出现该小球所代表文献的基础信息，包括作者、发表时间、摘要等。

可见，Connected Papers 直观的图谱分析对于科研新手是非常友好的，可以帮助你了解文献之间的关联，更精准地找到所需的文献资料。

该工具还有其他挖掘分析功能，你可以自行注册登录，深入使用和了解。

3. VOSviewer

VOSviewer 能够生成多种类型的文本地图，可以对文献进行合作网络分析、共现分析、引证分析、文献耦合分析、共被引分析等。通过对文献关系进行直观的图形显示，其能够帮助用户快速锁定学科领域内的重点文献。

你可以在 VOSviewer 官方网站下载 VOSviewer 软件使用，也可以在线使用。但在线使用时，文献信息格式只能是 JSON file，格式比较受限。因此，为了方便，通常选择下载使用。VOSviewer 软件无须安装，解压缩后，单击 VOSviewer.exe 运行程序，系统会提示配置好 Java 环境，按照操作提示一步步完成即可。随后，再次单击 VOSviewer.exe 文件即可运行。初始界面如图 5-17 所示。

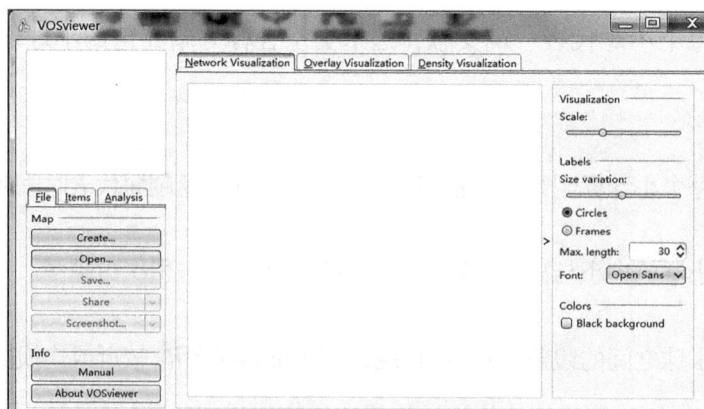

图 5-17　VOSviewer 初始界面

使用 VOSviewer 分析中国知网导出文献，主要有三个步骤。

第一步，从中国知网检索并导出文献信息。文献信息文件通常是 RefWorks 格式。如以某关键词检索，得到多篇文献，每页显示 50 篇，有数十页，那么勾选需要导出的文献进行导出即可。有两点需要注意：①导出前，要翻页将所需文献选中（中国知网一次最多可导出 500 篇文献），然后进行导出；②如果需要多次导出，必须取消勾选之前导出的文献，否则多次导出的文献会重复，导致分析结果混乱。

第二步，打开 VOSviewer 软件，将文献信息文件导入。通常，选择"create"后，应依次选择"create a map based on bibliographic data"和"read data from reference manager files"，接着选择"RefWorks"格式，并导入文件，随后进行相应设置，如选择对作者关系或对关键词关系进行分析，即可生成相应可视图。

第三步，查看可视图。主要有三种可以相互补充的可视图。

（1）network visualization（聚类视图）。聚类视图通常以不同颜色、大小且彼此相连的气泡表示。气泡大小取决于该文献被引次数、与其他文献关联的强度等；气泡的颜色代表其所属的聚类，不同的聚类用不同的颜色表示。通过该视图可以查看每个单独的聚类，例如通过"主题共现"分析研究热点的结构分布，通过"作者合作"识别研究小团体，通过"作者耦合网络"判断学者对同一研究主题的不同关注点、兴趣点等。

（2）overlay visualization（标签视图）。用户可以根据自己的研究需要，通过 mapfile 文件中的"score"或"颜色"（红、绿、蓝）字段为节点赋予不同的颜色。

（3）density visualization（密度视图）。图谱上的每一点都会根据该点周围元素的密度来填充颜色，密度越大，越接近红色；相反，密度越小，越接近蓝色。密度大小由周围区域元素的数量和这些元素的重要性决定。

图 5-18 是以"元宇宙""教育"作为篇名检索，获得 84 篇文献后，进行关键词分析得到的密度视图。

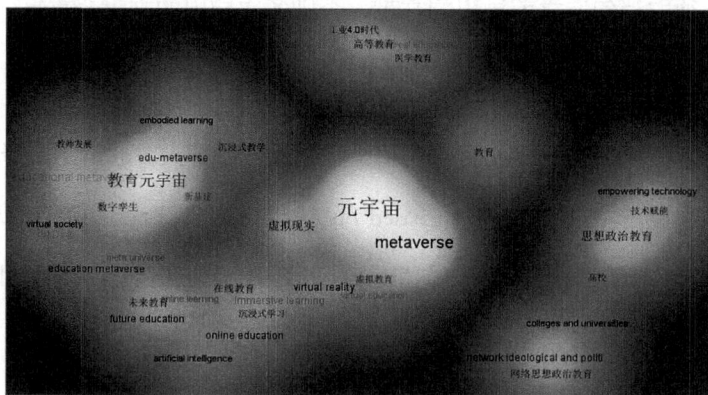

图 5-18　"元宇宙""教育"相关文献密度视图

▪ |任务 5-6| 文献分析工具的使用

（1）下载 VOSviewer 软件，然后解压安装包，单击 VOSviewer.exe，按照提示配置好 Java 环境，随后再次单击 VOSviewer.exe；

（2）在中国知网中进行主题检索，选中所需文献后，导出 RefWorks 格式的文献信息文件；

（3）在 VOSviewer 软件中，导入 RefWorks 格式的文献信息文件，按照前文第二步操作进行设置，生成相应可视图。

（4）查看可视图，了解现有文献研究主题分类。

二、标题分析法

好的标题能恰如其分地揭示一篇论文的主旨，并能帮助读者快速了解论文的选题，从而初步决定是否进一步阅读这篇论文。换句话说，当你尝试在较短的时间内初步了解一篇论文并基于此对多篇论文进行快速分类时，也可以从标题的分析入手。

一点提醒： 仅仅通过标题来分析论文，是不够的！

标题毕竟只是标题，只有几个字或十几个字而已。任何一篇论文的标题都不可能充分介绍论文的全部要点，特别是那些创新点、闪光点。

但是没关系，使用标题分析法本来就只是为了帮助你进行初步的文献分析，进而提高文献检索、阅读的质量。当你进入更深层次的文献分析的时候，你就会深入内容的核心。

标题分析法的操作非常简单，你只需要做到两步：第一步，了解标题的基本结构，完成标题的结构分析；第二步，进行标题的快速分类与分析。

（一）标题的结构分析

在这里，我们为你归纳了学术文献标题结构的三种常见类型。熟悉标题结构不仅能方便你分析标题，更有助于你完成文献的快速分类和初步分析。

第一类标题结构：研究对象 + 研究内容 + 研究方法

这一类标题结构的三个元素中，"研究内容"是必须具备的要素，研究对象与研究方法可以二选其一或者同时出现。据此，可以将这类标题结构细分为三种情况："研究对象＋研究内容"；"研究内容＋研究方法"；"研究对象＋研究内容＋研究方法"。下面分别举例来讨论。

对于第一种情况"研究对象＋研究内容"，先举一个典型的例子：《中国老年教育的现实需求和供给对策》。这个标题的结构可以拆分为两个部分：作为修饰语的研究对象"中国老年教育"，与作为中心语的研究内容"现实需求和供给对策"。从这两个部分可以直接看出：这是一篇理论分析型或论述型文章。

对于第二种情况"研究内容＋研究方法"，我们想举这样一个例子：《根－土复合体抗剪强度影响因素研究》。这个标题的结构也可以拆分为两个部分：作为修饰语的研究内容"根－土复合体抗剪强度"，与作为中心语的研究方法"影响因素研究"。从这两个部分可以直接看出：这是一篇实验验证型研究论文。

对于第三种情况"研究对象＋研究内容＋研究方法"，请看这个例子：《中小学教师数据素养培养模式及其应用研究》。很明显，这个标题的结构可以拆分为三个部分："中小学教师"为研究对象，"数据素养培养模式"为研究内容，"（构建）及其应用研究"说的是研究方法。很显然，从标题来看，这篇文章是模式构建型研究论文。

第二类标题结构：研究背景＋研究对象＋研究内容＋研究方法

这一类标题结构的四个元素中，"研究背景"和"研究内容"是必须具备的要素，而且"研究背景"在这类标题中往往会被特别突出，而"研究对象"或"研究方法"有时不会出现在标题中。据此，可以将这类标题结构细分为三种情况："研究背景＋研究对象＋研究内容"；"研究背景＋研究内容＋研究方法"；"研究背景＋研究对象＋研究内容＋研究方法"。以下分别举例来讨论。

对于第一种情况"研究背景＋研究对象＋研究内容"，这里有一个例子：《数字时代基础教育教师培训供给侧改革初探》。很显然，这个例子中的"数字时代"是"研究背景"，"基础教育教师"是"研究对象"，"培训供给侧改革"是"研究内容"。大致可以揣摩一下：这篇文章是对特定背景下与某个群体相关的实践性问题的探讨。

对于第二种情况"研究背景＋研究内容＋研究方法"，以《在线论坛中高质量数字化读写实践何以实现？——师生交互作用质性比较分析的启示》为例，"在线论坛中"是"研究背景"，"高质量数字化读写实践"和"师生交互作用"是"研究内容"，"研究方法"在副标题中，即"质性比较分析"。将这个标题切分成几个结构元素之后，我们就很容易抓住这篇论文的核心了。

对于第三种情况"研究背景＋研究对象＋研究内容＋研究方法"，在我们选择的例子《智能时代教师设计思维培养：逻辑向度与困境纾解》中，"智能时代"是"研究背景"，"教师"是"研究对象"，"设计思维培养"是"研究内容"，"逻辑向度与困境纾解"是"研究方法"。很显然，这篇论文的核心内容就蕴含在这几个结构元素里。

第三类标题结构：自变量＋因变量

这一类标题结构通常呈现为"A 与 B"或"A 对 B"。其中，A 通常是自变量，B 通常是因变量。此外，在这类标题中，核心自变量可以有多个，因此标题结构也可以是"A1、A2 与 B"或"A1、A2 对 B"。

在第一种情况"A 与 B"中，"与"通常表示一种关系或影响。"与"前面的 A 可以理解为"自变量"，"与"后面的 B 可以理解为"因变量"。不过，当出现"与"字时，我们需要仔细辨别 A 和 B 的关系是并列还是自变量和因变量的关系。

关于第一种情况，我们想举两个例子。

第一个例子是《竞争政策与企业投资——基于〈反垄断法〉实施的准自然实验》。在这里，"企业投资"是因变量 B，也是论文和标题的中心语；"竞争政策"则是核心自变量 A。结合副标题中的研究方法"准自然实验"来看，这可能是一篇通过收集和分析数据来完成调查并进行政策研究的论文。

第二个例子是《数字经济发展、产业结构升级与城市碳排放》。这是典型的"A1、A2 与 B"结构，很显然，"城市碳排放"是因变量 B，也是标题和论文的中心语，"数字经济发展"与"产业结构升级"则是核心自变量 A1、A2。从标题来看，这应该是一篇理论论述论文。

在第二种情况"A 对 B"中，"对"这一个字就能清晰地呈现谁是自变量、谁是因变量。对于"A 对 B"的结构，标题里通常还会有标志性的后缀，如"的塑造""的影响""的变革"等。

关于第二种情况，我们也要举两个例子。

第一个例子是《国际法治对国家经济发展的塑造》。毫无疑问，这是一个非常典型的"A 对 B"的结构，"国际法治"是自变量 A，"国家经济发展"是因变量 B。这个标题中还有一个标志性的后缀，即"的塑造"。

第二个例子是《地方政府环境目标约束是否影响了产业转型升级？》。这个标题看似不属于"A 与 B"或"A 对 B"中的任何一种，但实际上这是"A 对 B"

结构的疑问句式的变形，本质上，"地方政府环境目标约束"是自变量 A，"产业转型升级"是因变量 B。

一点提醒: 标题结构只有这几类吗?

> 答案当然是否定的!
>
> 我们在这里归纳的这些标题结构类型，只是学术文献中，特别是学术期刊论文中比较常见的那些类型。将它们总结归纳出来，主要是为了帮助你了解标题的结构，并由此出发，高效率完成对标题的分析，进而完成对文献的分析，最终提高文献检索与阅读的效率。
>
> 当你的阅读量越来越大，遇到的文献越来越多，你一定还能从这些文献中总结出更丰富的标题结构类型。

（二）标题快速分类的三种方法

在了解了学术文献标题的常见结构之后，我们要向你介绍标题快速分类的三种常见方法，即工具分类法、经验分类法和 Excel 分类法。

1. 工具分类法

工具分类法是指借助某种专门的文献分析工具，对文献的标题进行初步的分类或者比较精确的聚类分析。具体操作类似前面介绍过的"借助文献数据库的工具分析法"和"借助专门的文献分析工具的工具分析法"的相关操作。此次我们推荐你使用这些工具，主要是为了找到根据文献主题进行分类的标准，并据此完成对文献标题的快速分类。

当你按照前面介绍的步骤，借助文献数据库的功能或借助专门的文献分析工具获得了关于文献主题的粗糙或细致的分类之后，就可以直接按照主题，对手头的文献进行快速分类了。

一点提醒： 工具再强大，不如你强大！你是驾驭工具的人。

当你借助文献数据库或专门的文献分析工具获取文献主题类别之后，你需要时刻牢记一点：工具再强大，也不如你强大！工具分析得出的结果始终是有局限性的，甚至可能是无序、无逻辑，或者意义不明确的。因此，一定还要在工具提供的分析结果之上，开动你强大的大脑，利用你不断增长的学术理解力，结合你日渐丰富的专业学科经验和学术研究经验等，做出更为科学的判断和分类。

为了更好地突破工具的局限，接下来我们将特意为你介绍"经验分类法"。

2. 经验分类法

所谓经验分类法，顾名思义，就是结合你自身具备的专业学科经验和学术研究经验，通过快速浏览文献标题，完成文献分类。

正如前文所提醒的那样，如果经验分类法能够与工具分析法结合起来运用，最后的分类结果会更完善。此外，要想更好地使用经验分类法，你还需要了解常见的研究分类。

在此，我们从研究方法和研究内容两个维度简单介绍研究的分类。

从研究方法维度来看，学术研究可以粗略分为理论论述、文献综述、调查研究、实验研究、应用研究、设计研究、比较研究、综合研究等各种类别。

从研究内容维度来看，学术研究可以粗略分为作用意义研究、影响因素研究、效果分析研究、现状趋势研究、对策路径研究、技术应用研究、模式机制研究、经验总结研究等各种类别。

当然，现实中我们所看到的绝大多数学术文献都不会仅仅归属于某一个单一研究类别，而是具备研究方法和内容等多个维度上的多重特性。比如，采用某种研究方法，对某个教育实践现象的影响因素进行探究，进一步探索其对策路径。

3. Excel 分类法

Excel 软件当然也是工具的一种，但是，由于使用 Excel 软件进行标题分类，进而实现文献分类，是一种特别容易上手的方法，并且这种方法常常被人忽视，因此，我们在这里要单独向你介绍。

具体来说，Excel 分类法就是利用 Excel 的筛选功能进行标题分类。在其使用过程中，随时可能结合前面介绍过的工具分类法和经验分类法。

第一步，生成文献标题的 Excel 表格。

当然，你可以手动复制每一篇文献的标题并粘贴到 Excel 表格中，由此建立起一个关于文献标题的 Excel 表格文档。但是我们更推荐你利用文献数据库自带的免费功能快速生成这样的表格。

以中国知网为例，完成文献检索并选中想进行标题快速分类的文献后，单击页面中部、检索结果上方的"导出与分析"菜单，选择"导出文献"子菜单最下端的"自定义"选项，然后在打开的页面中使用默认选中的文献元素，并单击

"xls"按钮，知网平台会为你导出所选文献的标题，生成 Excel 表格。

我们举一个例子。

以"高质量教育"为检索词在中国知网进行主题检索，并将检索范围设定为"学术期刊"，再按被引次数对检索结果由高到低排序，如图 5-19 所示。

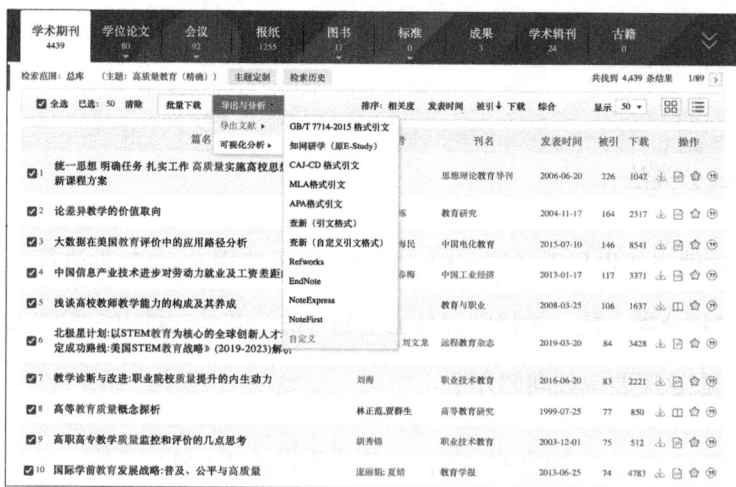

图 5-19　以"高质量教育"为检索词在中国知网进行主题检索的结果

单击页面中的"导出与分析"菜单，选择"导出文献"→"自定义"选项，打开新页面，如图 5-20 所示。在这个页面中，数据库平台默认选中的是"SrcDatabase- 来源库""Title－题名""Author－作者""Organ－单位""Source－文献来源"这几个复选框。

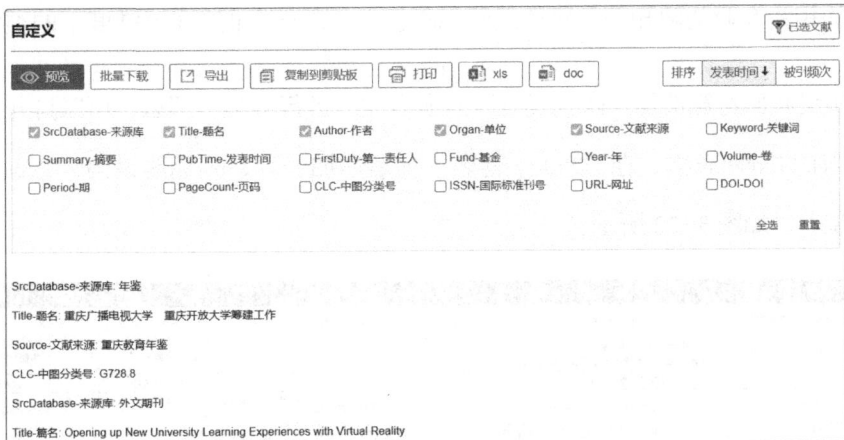

图 5-20　Excel 表格导出页面

单击图 5-20 中的"xls"按钮，中国知网平台会为你导出所选文献的信息，生成一个 Excel 表格，如图 5-21 所示。在后面的操作步骤中，你都需要用到这个表格。

	A	B	C	D	E
1	SrcDatabase- 来源库	Title- 题名	Author- 作者	Organ- 单位	Source- 文献来源
2	期刊	统一思想 明确任务 扎实工作 高质量实施高校思想政治理论课新课程方案	李卫红	教育部 副部长	思想理论教育导刊
3	期刊	论差异教学的价值取向	王辉；华国栋	中央教育科学研究所	教育研究
4	期刊	大数据在美国教育评价中的应用路径分析	郑燕林；柳海民	东北师范大学计算机科学与信息技术学院；东北师范大学教育部	中国电化教育
5	期刊	中国信息产业技术进步对劳动力就业及工资差距的影响	杨蕙馨；李春梅	山东大学管理学院；山东大学经济学院	中国工业经济
6	期刊	浅谈高校教师教学能力的构成及其养成	林永柏	北华大学教育科学学院	教育与职业
7	期刊	北极星计划：以 STEM 教育为核心的全球创新人才培养——《制定成功路线：美国 STEM 教育战略》（2019—2023）解析	陈鹏；田阳；刘文龙	首都师范大学教育学院；北京师范大学教育学部；江苏开放大学互联网教育智能技术研究院	远程教育杂志
8	期刊	教学诊断与改进：职业院校质量提升的内生动力	刘海	吉林工程技术师范学院职业技术教育研究院；吉林省职业教育研究中心	职业技术教育
9	期刊	高等教育质量概念探析	林正范；贾群生	杭州师范学院杭州研究院，高教研究室	高等教育研究
10	期刊	高职高专教学质量监控和评价的几点思考	胡秀锦	上海市教育科学研究院职业与成人教育研究所	职业技术教育

图 5-21　中国知网导出的 Excel 表格（局部）

在此步骤中，你最好能再借助某种文献分析工具，对所选文献进行初步的主题分类，以供你参考。

第二步，结合工具分类结果和个人经验，确定文献标题分类方向。

在此步骤中，你需要参照通过工具分类法获得的主题分类结果，并结合你自身的相关专业基础知识和研究经验，确定初步的分类维度和该维度下的类型。

假设我们打算按照"研究类型"对所有文献进行分类，那么，可以打开上一步获得的 Excel 表格，在"Title- 题名"列后增加一列，列标题设为"Type- 研究类型"，如图 5-22 所示。

	A	B	C	D	E	F
1	SrcDatabase- 来源库	Title- 题名	Typc- 研究类型	Author- 作者	Organ- 单位	Source- 文献来源
2	期刊	统一思想 明确任务 扎实工作 高质量实施高校思想政治理论课新课程方案		李卫红	教育部 副部长	思想理论教育导刊
3	期刊	论差异教学的价值取向		王辉；华国栋	中央教育科学研究所	教育研究
4	期刊	大数据在美国教育评价中的应用路径分析		郑燕林；柳海民	东北师范大学计算机科学与信息技术学院；东北师范大学教育学部	中国电化教育
5	期刊	中国信息产业技术进步对劳动力就业及工资差距的影响		杨蕙馨；李春梅	山东大学管理学院；山东大学经济学院	中国工业经济
6	期刊	浅谈高校教师教学能力的构成及其养成		林永柏	北华大学教育科学学院	教育与职业
7	期刊	北极量计划：以 STEM 教育为核心的全球创新人才培养——《制定成功路线：美国 STEM 教育战略》（2019—2023）解析		陈鹏；田阳；刘文龙	首都师范大学教育学院；北京师范大学教育学部；江苏开放大学互联网教育智能技术研究院	远程教育杂志
8	期刊	教学诊断与改进：职业院校质量提升的内生动力		刘海	吉林工程技术师范学院职业教育研究院；吉林省职业教育研究中心	职业技术教育
9	期刊	高等教育质量概念探析		林正范；贾群生	杭州师范学院杭州师范学院，高教研究室	高等教育研究
10	期刊	高职高专教学质量监控和评价的几点思考		胡秀锦	上海市教育科学研究院职业与成人教育研究所	职业技术教育

图 5-22　预备按照"研究类型"对所有文献进行分类

第三步，完成对文献标题的分类。

继续参照通过工具分类法获得的主题分类结果，并结合你自身的相关专业基础知识和研究经验，快速浏览 Excel 表格中的这些标题，尝试完成对文献标题的分类，在每条文献信息的"Type- 研究类型"列单元格中填入相应的类型名称。

在这个过程中，我们可以根据分类操作的实际情况，对各研究类型的名称和相应文献的数量进行调整，合并、删除、增加某些类型。

第四步，充分利用 Excel 表格的功能，完善标题分类结果，并完成文献分类。

Excel 软件天然具有统计方面的优势。现在，我们可以使用 Excel 软件的数据筛选等功能，完成对每个研究类型的文献的汇总与分析。此时，建议你根据汇总与分析的结果，再次衡量每个研究类型的名称与所涉文献标题的数量，力求达到你自己认定的最完美的分类结果。

至此，你就可以根据文献标题分类结果，开始进一步的文献分析啦。

一点提醒： 每一种方法都不是孤立的！

上文我们介绍的每一种标题快速分类方法在目标和思路上都是相通的，差别只在于分类操作的细节，因此，在实际进行标题快速分类的时候，适当结合其中两种甚至三种方法，可能会更有效率。此外，每一种方法都各有其特点，也各有其不足，只固定使用其中的一种，有可能不利于你根据需求灵活进行标题快速分类。

第二节
不可忽略的文献管理

文献检索和文献分析为何属于"文献阅读的前期准备工作"，大家都很容易理解。但是，文献管理这件事却经常被忽略。特别是文献阅读的新手们，容易把检索下载的文献，或者经过分析，确定要精读、泛读的文献统统放入一个文件夹里，却忘记对文献进行有效的管理。文献管理意识的缺乏，不光有可能导致后续无法及时找到有价值的文献，并且容易造成文献保存上的各种误操作，甚至可能直接导致阅读效率低下。

因此，我们在这里特别将"文献管理"作为"文献阅读的前期准备工作"的第三部分内容，向你介绍如何通过科学存储文献、准确标记文献、建立个人文献库来进行文献管理，为后续更好地阅读文献做好充分准备。

一、存储文献

顾名思义，存储文献即将检索并下载的文献以某种恰当的方式存储在电脑上。根据每个人的习惯及每次阅读文献的具体目的，文献的存储当然可以有无数种方法。这些方法不存在高低优劣之分，只有合适与不合适之分。

在这里，我们只推荐看起来最普通的两种存储文献的方式。它们也许看起来平平无奇，却是非常普适、非常好用的方法，值得学术阅读新手们好好试一试。在下面的介绍中，我们会强调具体操作时需要注意的地方，请你一定留意。

（一）从内容维度进行分类存储

如果你所关注的研究主题还不是非常聚焦，那么，当你收集了丰富的文献后，比较适合先从内容维度入手考量，对其进行分类存储。你需要了解的常见内容维度包括研究主题类别维度，论文写作类型维度，研究范式类别维度，研究方法类别维度，文献影响力类别维度，等等。

从内容维度对文献进行分类存储管理，你只需要做到以下四步。

第一步，确定分类存储的依据，也就是你所需要的内容维度。

任何一次从内容维度入手开展的文献存储管理，都有一个共同的重要前提：选准你所需要的内容维度，并尽可能早地确定该内容维度下的细分类别。

如果你在开始管理文献之前还没有准备好这个重要的前提，我们想建议你慢下来、静下来，先尽可能琢磨好符合你的个人习惯、有助于你实现此次文献阅读目标的那么一个内容维度及其细分类别。至于如何明确内容维度之下的细分类别，在本章前面的内容中已经向你介绍了不同的方法和工具。

第二步，根据前面确定的内容维度，建立好对应的文件夹架构。

此时，你只需要简单地为每一个细分类别建立一个文件夹，并以这个细分类别命名，然后将所有细分类别文件夹放到所属内容维度的文件夹之中，这一步就算完成了。

第三步，将你检索获得的文献准确放入对应的文件夹。

这一步的基本操作也很简单，但是，在操作过程中可能会出现两种情况：第一种情况是发现某一篇或几篇文献没有合适的文件夹可放入，第二种情况是发现某一个或几个文件夹里没有文献可放。

对于第一种情况，不用担心，不用犹豫，果断调整文件夹架构即可，为这些文献找到合适的"归属"。

对于第二种情况，你需要以这些文件夹对应的细分类别名称为检索词，去文献数据库中进行有针对性的检索，补充对应细分类别的文献。如果仔细检索后还是毫无收获，那么请你一定记录下来哪些文件夹没有文献可放，因为这有可能为你后面的学术写作提供重要启示。

第四步，检查并再次调整、确认，完成文献的存储和管理。

在这一步，请仔细检查你之前检索得到的每一篇文献是否都准确归类并存储妥当。如果有必要，还可以在这个阶段进行一些微调。

■■ **|任务 5-7|** 试一试从内容维度管理你的文献

（1）选定你要关注的研究主题，并设计一个文献检索方案，登录文献数据库，检索你要的文献，将其下载到电脑上的本地文件夹里。

（2）确定你觉得合适、能满足你学术阅读需求的分类存储依据，也就是内容维度。

（3）根据你所确定的内容维度，在电脑上建立好对应的文件夹架构。注意为每个文件夹设定一个合适的名称，方便你自己后续查阅。

（4）把你在第（1）步中检索、下载的文献分别放入合适的文件夹当中。

（5）检查每一个文件夹，检查每一篇文献，确认分类正确。

（二）按时间段存储

如果你所关注的研究主题已经非常聚焦，相当于前文所说的内容维度之下某个确定的细分类别，甚至，或许你已经把自己所关注的研究主题聚焦到一个具体的问题之上，那么，你可能就不需要再试图从内容维度进行文献的存储管理了。这个时候，比较合适的做法可能是按文献发布或发表的时间段来进行存储管理。

按时间段对文献进行分类存储管理，你只需要做到以下四步。

第一步，确定时间段的划分标准。

要想准确、有效地把所有文献归入不同时间段，当然首先得有一个划分标准。通常可以以标志性事件为时间节点来划分时间段。这样的标志性事件可以是重要实践活动的开展、重要政策文本的发布、现象级学术文献的出现，也可以是某个现象进入特殊发展阶段或者重要研究方向出现或消失的时间点，甚至可以是学术文献数量出现拐点的时刻，等等。

很显然，为了给你所关注的研究主题准确设定时间段划分标准，你肯定需要对相关领域的学术文献有一个初步的了解，并充分借助各种文献分析工具帮助你做决定。

第二步，参照时间段划分标准，建立文件夹。

这一步的基本操作非常简单，有几个时间段就建立几个文件夹，每个文件夹的命名凸显相应时间段的起始点和特征即可。

此外，你还需要留一点时间，回顾、反思你对时间段的划分。如果觉得有必要，也可以借助文献分析工具等获取更丰富的信息，据此进行调整。

第三步，将你检索获得的文献准确放入对应的文件夹。

在将所有文献放入对应文件夹时，有可能你会发现某一个或某一些文件夹中的文献数量过多或者过少。这时候，请你一定不要着急修改之前设定的时间段划分标准，先冷静观察、思考一下，也可以找一些相关的综述类文献或政策文本读一读，帮助自己确认文献过多或过少的现象是因为时间段划分标准不合适，还是因为这些时间段内的文献确实如此。

当然，如果文献总量不算多，你也可以不为每个时间段单独建立文件夹，只在文献标题上添加时间标签，方便自己查找和阅读就行了。我们会在后面介绍如何简单有效地标记文献。

第四步，检查、核对、确认，完成文献的存储和管理。

最后，还需要对分类完毕的文献和文件夹进行检查、核对，确认每一篇文献都在合适的位置，到此就算完成按时间段进行的文献存储管理了。

（1）选定你要关注的研究主题。请注意，最好是一个非常聚焦的"小"主题。再设计一个文献检索方案，登录文献数据库，检索你要的文献，下载到电脑上的本地文件夹里。

（2）通过初步阅读文献，并借助合适的文献阅读工具，确定时间段的划分标准。

（3）根据你确定的划分标准，明确要保存发表于哪段时间的文献，并切分出几个时间段，据此建立文件夹。

（4）根据发布或发表的时间，将你在第（1）步中检索获得的文献准确放入对应的文件夹。

（5）检查每一个文件夹，检查每一篇文献，确认分类正确。

二、标记文献

给文献做好标记是文献管理的重要步骤。为了方便后续查找，我们通常会在文献的文档名称中增加一个或多个关键词，以此明确标记出文献某方面的特点。

我们在这里主要向你介绍文献标记的两大类型和三个要点。

（一）文献标记的两大类型

当我们从中国知网等文献数据库中将文献下载并保存在电脑中时，默认的文档名称是"文献标题＋第一作者"。

根据在文档名称中所处的位置，文献标记可以分为前标和后标两种。

添加前标通常是为了方便进行文档排序。为此，我们可以按自己确定的标准，在文档名称中的"文献标题"前输入阿拉伯数字"1""2""3"等。然后，让电脑根据文档名称对所有文献进行升序或降序排列，就非常方便我们后续查找和阅读文献了。

文献发布或发表的年份也是常用的前标。在"文献标题"前输入相应的年份，就能非常便利地实现所有文献的时间排序。

添加后标通常是为了提醒或提示某些重要信息。比如，哪些是高被引文献，哪些是高下载文献，哪些是新近文献，或者文献具有研究类别、研究主题、研究方法、研究结论等某个方面的什么特点，或者哪些文献值得精读、泛读，等等。

如果你已经判定某篇文献值得后续写作时引用，也可以直接用添加前标或后标的方式将之与其他文献区分开来。此时，我们想建议你将该文献最值得引用的地方明确标记出来。比如，某观点可引用，某类数据可引用，某个图表可引用，某个结论可引用，某页某段落可引用，等等。

（二）文献标记的三个要点

对于文献阅读和管理的新手来说，标记文献时有三个要点值得注意。

要点之一，非排序之用的标记，尽可能作为后标。

涉及文献排序、分类的标记，当然通常会作为前标出现。那么，并非用于排序的标记，建议你尽可能采用后标的形式添加在文档名称中，以免干扰后续的查找或进一步的分类。

要点之二，文献标记最好用括号或破折号等与原有的文档名称分隔开来。

一般来说，文献的文档名称如果是"文献标题 + 第一作者"，那字数着实已经不少了。如果再添加前标或者后标，文档名称只会更长。因此，我们建议你使用括号、破折号或者你觉得合适的任何符号，将文献标记与原有的文档名称分隔开来，其目的当然还是方便查找和进一步的分类。图 5-23 就是一个用括号区分文献标记与文档名称的例子。

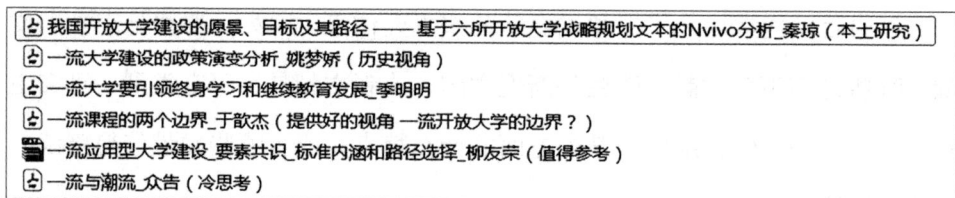

图 5-23　用括号区分文献标记与文档名称的示例

要点之三，尽可能精简文献标记的字数。

这一点应该毫无疑义。文献标记的作用主要是提示，帮助查找和回忆。因此，为了保证后续使用的效率，文献标记的字数当然是越少越好。

三、建立个人文献库

实际上，当你完成文献的检索、存储、标记之后，应当已经建立起结构简单但是也挺实用的个人文献库了——虽然只是普普通通的文件夹模样，但用起来已经很方便。

当然，我们也可以使用专门的文献整理工具建立个人文献库，利用这些专门工具自带的强大功能，为自己后续的学术阅读和未来的学术写作提供更多支持。

常见的文献整理工具包括 Mendeley、Endnote、NoteExpress、Zotero 等。其中，Zotero 是一个免费的工具，它的中文界面清晰易懂，基本功能比较容易上手。因此，接下来就向你简单介绍一下 Zotero。

（一）什么是 Zotero

Zotero 是一个基于开放源代码的免费文献管理软件。其官方网站的标语是 "Your personal research assistant"（你的个人研究助手），包括学术期刊论文、图书，甚至网页、图片等在内的各类文献都可以借助 Zotero 来收集、管理、引用。

Zotero 最早是作为火狐浏览器（Firefox）的插件使用的，目前逐渐发展成为独立软件，在 Windows 系统、Mac 系统、Linux 系统上都可以顺畅使用。但它也可以作为插件安装在多个浏览器中，在浏览器单击这个插件就可以自动识别文献类别，然后完成将文献从云端下载到本地的操作。

Zotero 的突出特点是支持无限级的目录分类，即可以新建多个层级的子目录，充分满足我们在文献管理方面的需求。Zotero 提供了添加标签的功能，即自动为每篇文献打上标签，这样我们在分类、查找文献的时候会更加方便。

（二）如何安装 Zotero

你只需登录 Zotero 官网，直接将其下载并安装到自己的电脑上就可以了。Zotero 会根据你在电脑上设置的语言来自动选择中文或英文界面。安装完毕之后，你就能看到图 5-24 所示的 Zotero 主界面了。

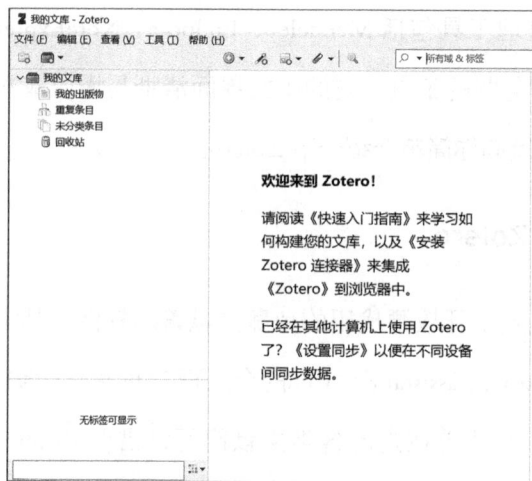

图 5-24 Zotero 主界面

然后，单击 Zotero 工具栏中的"工具"，在下拉菜单中选择"安装浏览器插件"，按照 Zotero 操作指南的指引一步步操作，你就可以在常用的浏览器中使用 Zotero 插件了。根据官网信息，Google Chrome、Firefox、Edge、Safari 等浏览器都可以使用 Zotero 插件。

（三）使用 Zotero 可以做什么

借助 Zotero，我们可以实现文献导入、文献整理、文献笔记、文献引用四大操作。

1. 文献导入

如果你在网上发现了一篇可下载的文献，可以直接以 PDF 格式下载后导入 Zotero 中。你也可以直接收集某个网页，下次使用时在 Zotero 中双击即可打开。至于你已经下载到本地的文献，只需要直接拖曳到 Zotero 界面中，就可以轻松完成本地文献的导入。

2. 文献整理

有些软件只支持新建一级文件夹，对有多级分类需求的用户来说，这就很不方便了。而 Zotero 恰恰在这一点上做了突破，支持用户新建多级分类文件夹，如图 5-25 所示。在这些文件夹中，简单双击文献，就可以打开文献并开始阅读。

Zotero 还支持直接拖曳文献的操作：我们只需要将文献直接从本地拖入 Zotero 的对应目录，或者从一个文件夹拖入另一个文件夹，即可完成文献入库，是不是超级好用？

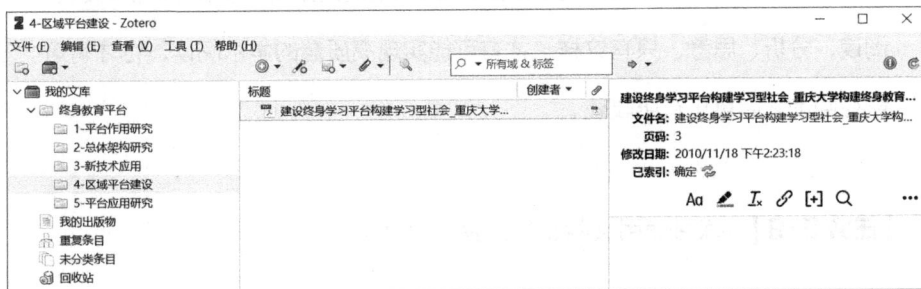

图 5-25　Zotero 多级分类文件夹

Zotero 还提供了云端同步的功能，操作也非常简单：鼠标右键单击"我的文库"并选择"同步"，然后输入你在 Zotero.org 建立的账户名和密码，就能实现云端与本地的文献同步。

3. 文献笔记

作为一个合格的文献整理工具，Zotero 当然也支持文献笔记功能。你在阅读过程中产生的任何想法和困惑都可以在 Zotero 中及时记录下来。

Zotero 还支持对所有笔记进行关键词搜索。当我们的阅读量越来越大、阅读笔记越来越多的时候，这个小功能就显得非常友好了。

4. 文献引用

和其他文献整理工具一样，Zotero 也可以作为 Microsoft Office Word 软件的插件，帮助我们在学术写作的过程中，快速将需要引用的文献插入文本。

一点提醒： 工具只是工具！

不论功能多么强大，任何文献整理工具始终只是一个工具。工具的强大可能仅仅在于能快速、大量处理数据，而不在于获取信息的深度。

用好这样一个工具的前提永远是，用户自身要投入足够精力，去筛选、阅读、分析、思考。只有这样，才有可能实现高质量的学术阅读，也才有可能在阅读之后真正有所收获。

■ |任务 5-9| 练习使用文献整理工具 Zotero

（1）在搜索引擎中检索 Zotero，登录官方网站，将其下载并安装到你的电脑上。

（2）登录文献数据库，下载 10 篇文献到电脑中。

（3）打开 Zotero，建立文件夹和子文件夹，分别命名。然后从你的电脑中，把第（2）步中下载的 10 篇文献拖曳导入相应文件夹里。

（4）在 Zotero 中打开这 10 篇文献，分别阅读后做笔记。

（5）确定一个关键词，在 Zotero 中用这个词搜索你在第（4）步中完成的笔记。

（6）新建一个 Microsoft Office Word 文档，写下一段文字，然后尝试在其中引用某篇文献。选择 Zotero 插件，将目标文献插入这个文本。

第六章

泛读实战：

方法、技巧与应用训练

🗨 本章导读

　　学术文献泛读是帮助你完成对主题相关文献的"俯瞰"，并筛选出所需优质文献的重要环节。学会如何快速、有效地完成学术文献泛读，将为你下一步开展学术文献精读打好坚实基础。当然，文献泛读基本功也是你未来开始学术写作的重要基本功之一。

　　本章将引导你围绕所关注的研究主题，熟悉并练习学术文献泛读的几种好用的方法。本章的内容要点如图 6-1 所示。其中，第一节介绍综述类文献阅读法，学会这个方法，你将有可能借助几篇高质量的综述类文献，快速掌握研究主题的来龙去脉；第二节介绍跳读筛选法，我们将向你重点介绍跳读不同类型学术文献所需要掌握的共性方法与特殊技巧；第三节会帮助你掌握不同类型学术文献的泛读技巧，包括如何泛读英语学术期刊文献，从而为不久的将来开展学术研究、着手学术写作做好全面的知识准备。

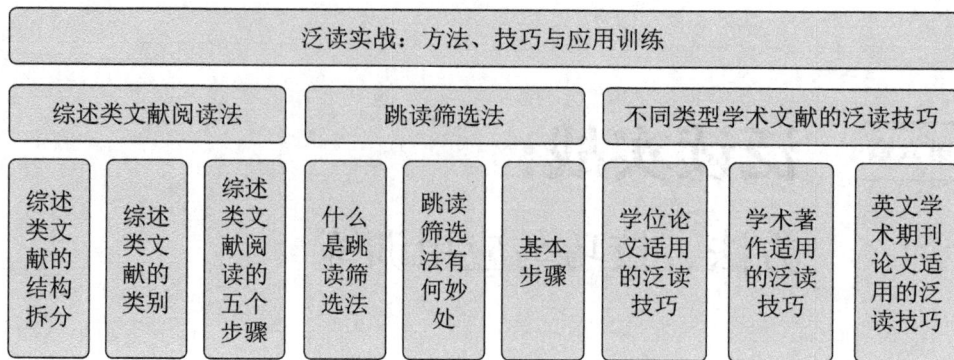

図6-1　第六章内容要点

本章学习目标 >>

- 了解学术文献泛读的重要性、核心目的和基本思路。
- 掌握综述类学术文献的阅读方法与技巧。
- 掌握跳读筛选法的基本步骤和技巧。
- 掌握不同类型学术文献的泛读技巧。

第一节
综述类文献阅读法

顾名思义，综述类文献阅读法是对综述类文献进行系统阅读的方法。

而所谓综述类文献，通常是指对研究现状、实践现状进行概述、评价的学术论文。如果能准确选取几篇高质量的综述类文献进行阅读，你将有可能快速、广泛地了解某一主题的研究与实践现状，这将非常有利于提高你的学术文献阅读效率和阅读质量。甚至，我们可以毫不夸张地说，每一项学术研究的起步、每一篇学术论文的起点，都是从综述类文献的阅读开始的。

还需要提醒你的是，相对于其他类型的文献来说，综述类文献具有规整的文章架构和格外高的学术信息浓度，十分方便作为新手的你迅速获取所需内容。因此，掌握综述类文献的阅读将为你后续开展更高难度、更高效用的文献精读，以及未来进行最具挑战的学术写作，打下良好的基础。

下面，让我们一起边讲解边实践，跟着任务学习如何进行综述类文献的阅读。

一、综述类文献的结构拆分

从正文主体来看，一篇完整的综述类文献需要包含对某个主题相关学术文献的"综""述""评"三个主要部分。其中，"综"是指通过正确的检索方式获取足够的学术文献并阅读、筛选；"述"是指采用特定的方法或借助某些软件对所得文献进行分类、分析、归纳、提炼，并记述作者所需要的该主题的关键信息及发展演变脉络，将其严谨地表达出来；"评"则是对所述内容进行必要的评价，肯定其中合理的、可行性强的、恰切的部分，批评其中不合理的、可行性弱的、不恰切的部分，并给出必要的结论。

一点提醒： 合格的综述类文献绝不满足于低水平的堆砌、罗列！

合格的综述类文献绝对不会是文献的简单堆砌和已有观点的罗列。一个合格的综述类文献作者会使用所收集的文献对某个领域的某个研究主题进行系统的总结、描述、分析，并基于此给出必要的评述。真正优秀的综述类文献一定会围绕研究问题，尝试开展必要的理论建构，或提出有理有据的实践建议。

如何快速判断一篇综述类文献是否合格，是否优秀？由于优秀的综述类文献往往离不开作者本人对相关主题的深刻理解，而其理解必定来自作者本人多年研究或实践的经验积累与主动思考，因此合格甚至优秀的综述类文献的作者往往是这个主题领域的资深研究者。换句话说，从作者在学术界的地位，你也可以粗略预判这篇综述类文献的质量。

大致了解综述类文献的结构和特点之后，请你先完成下面的任务，为后面更高效率地学习阅读技巧做一些前期准备。

▣ |任务 6-1| 确定你关心的研究主题

每一个文献数据库里都有千千万万的综述类文献。为了提高你的学习效率，也为了增进你学习阅读技巧的目的性，更为了帮助你朝向学术写作这个终极学习目标而努力，请按以下步骤，确定一个你所关心的研究主题。

（1）思考你所关注的研究主题或主题范畴，将其写在下面。

_____

（2）千万不要满足于此，请你再反复默读自己写下来的这个研究主题或主题范畴，根据你目前的学习内容和学习兴趣，尝试对上面的表述做一些调整，尽可能聚焦一些，尽可能精准一些，尽可能像一个"研究主题"，而非宽泛的"研究主题范畴"。请将你调整后的主题写在下面。

_____

（3）如果有可能，再思考一遍，再聚焦一次。现在多花一些时间确定你所关注的研究主题，后面在学习阅读技巧的时候，你会更有收获。如果你对第（2）步记录的研究主题做了进一步的聚焦，也请写在下面。

（4）光有关于研究主题的描述还不够。请你尝试将前一步中确定的这个研究主题拆分为 1 ~ 3 个主题词，并记录下来：

（　　　　　）（　　　　　　）（　　　　　　　）

二、综述类文献可以分为哪几类

在了解综述类文献的分类之前，请你先完成下面两个任务，练习一下综述类文献的检索技巧，建立你的综述类文献库。

▌|任务 6-2 | 收集你所需要的综述类文献

在这个任务中，你需要用到在任务 6-1 中确定的研究主题和关键词。

（1）登录中国知网。请注意中国知网主页的菜单栏，如图 6-2 所示。

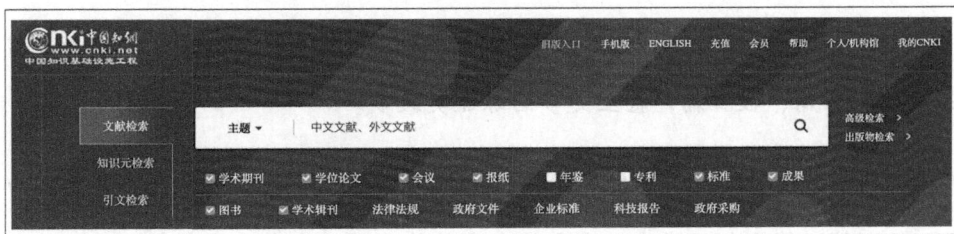

图 6-2　中国知网主页的菜单栏

（2）单击中国知网主页文献检索框右侧的"高级检索"按钮，打开图

6-3 所示的高级检索页面。请注意，在这个页面中的检索区中有多个检索框，每一个检索框都可以确定为"主题"检索。

图 6-3 中国知网的高级检索页面

（3）请你先把在任务 6-1 中确定的研究主题一次性填在第一个检索框里，再把第二个检索框的检索方式改为"主题"，填入"综述"一词。

（4）你也可以将在任务 6-1 中拆分出来的几个主题词依次填到不同的检索框里，再在接下来的检索框里填入"综述"一词。请注意，每个检索框的检索方式都是"主题"。

（5）单击"检索"按钮，稍后你就会在这个页面的主体部分看到检索结果——数十篇、数百篇，甚至更多的综述类文献。

（6）将这些综述类文献按照被引次数排序，选择并下载其中排名靠前的 10 ~ 20 篇，将它们保存在一个文件夹中。你可以给这个文件夹命名为"综述类文献库"。

（7）请根据每篇文献的被引次数由高到低为它们编号，并将号码加在每篇文献的文档名称前面。至此，你就构建好了专属于自己的综述类文献库。

为了方便管理文献，你可以设计一张表格，记录每篇文献的编号、标题及你认为需要记录的其他信息。表6-1所示的模板可以供你参考。

表6-1　综述类文献库记录表格

文献编号	文献标题	备注
1		
2		
3		
4		
5		
6		
7		
8		
9		
10		
……		

在初步建设好自己的综述类文献库后，请你先不要着急往下阅读本书，暂停一下，完成下面的任务，尝试着自己琢磨琢磨综述类文献的分类吧。

■ |任务6-3| 为综述类文献设计分类方案

（1）请你打开自己的综述类文献库，简单浏览里面的每一篇文献，根据自己的观感，设想一个你认为合适的分类维度（例如：年代、篇幅，或者内容方面的某个特点，等等），填写在表6-2中对应的位置。

（2）在所选定的分类维度之下，根据你简单浏览每一篇文献的感受，设计出该维度所包含的三个类别，将类别名称逐一填写在表6-2中对应的位置。

（3）将表6-1中的"文献编号"列、"文献标题"列复制并粘贴到表6-2的对应位置。

（4）为每一篇文献勾选对应的分类。

表6-2　我的综述类文献分类方案

我认为合适的综述类文献分类维度：		文献所属类别		
文献编号	文献标题	分类一：（　　）	分类二：（　　）	分类三：（　　）
1				
2				
3				
4				
5				
6				
7				
8				
9				
10				
……				

（5）回顾你完成的综述类文献分类，思考一下是否妥当，有无不完美的地方。

在我看来，综述类文献的分类，如果仅仅考虑内容这个维度，可以分为三类。

第一类是对某个实践领域总体或局部的发展现状的综述，侧重于收集丰富的实践性资料并据此对实践发展进行述评，兼及对未来实践发展态势的展望。这类文献中的典型文献有《2019年全球慕课发展回顾》《电动汽车电池的现状及发展趋势》《中国胃癌死亡率20年变化情况分析及其发展趋势预测》《我国林下经济发展现状综述》等。

第二类是对某个主题或某个领域的研究现状的综述，侧重于收集丰富的研究性资料，对相关研究成果、研究观点等进行述评，兼及对未来研究发展态势的展望。这类文献中的典型文献有《国内 MOOC 研究现状的文献分析》《水下枪炮发射问题研究综述》《企业集团化经济后果的文献综述与研究展望》《卷积神经网络研究综述》《MOOC 中学习者流失问题的预测分析——基于 24 篇中英文文献的综述》等。

第三类是对某次或某个系列的会议内容的综述，根据不同的会议主题，其述评的侧重点也不同。这类文献中的典型文献有《2021 年毛泽东等老一辈革命家思想生平研究系列学术会议综述》《MOOC：颠覆与创新？——第 4 次"中国远程教育青年学者论坛"综述》《北京冬奥会安保热点问题探讨——北京冬奥会安保研究暨京津冀公安院校合作第四届学术研讨会会议综述》等。

以上分类基本可以涵盖所有综述类文献了。当然，可行的分类方案肯定不止这一种。我之所以要尝试从内容维度进行这样的分类，主要是出于使分类操作更便利的考虑，也是为了提升练习阅读技巧时的针对性。

■ |任务 6-4| 尝试从内容维度对收集的综述类文献进行分类

在前面的任务中，你已经对自己的综述类文献库中的文献进行了分类。如果你选择的分类维度不是内容维度，那么建议你试试看，从内容维度重新做一次分类。

（1）将表 6-2 "文献编号"列、"文献标题"列的内容复制并粘贴到表

6-3 的对应位置。

（2）为每篇文献勾选一个合适的分类。

表 6-3　从内容维度给你的综述类文献分类

文献编号	文献标题	实践综述	研究综述	会议综述
1				
2				
3				
4				
5				
6				
7				
8				
9				
10				
11				
12				
13				
14				
15				
……				

（3）如果发现你的文献库里某类文献太少，建议你登录中国知网，专门搜索这类文献，挑选其中被引次数较高的或者你认为对你有帮助的文献并下载，保存到你的综述类文献库中。我们建议在学习综述类文献阅读技巧的过程中，多次打开你的综述类文献库，选择合适的文献展开练习。

三、综述类文献阅读的五个步骤

接下来，我要向你介绍综述类文献阅读的五个步骤。请你仔细了解这五个步骤的具体操作，并在这一节结束的时候，争取完成至少一篇综述类文献的阅读。

第一步，筛选文献。

在这一步当中，你需要完成的操作非常简单：筛选出你要读的那一篇或那一批综述类文献。请不要小看这一步，你所确定要拿来阅读的这些文献的质量，不仅会影响你的阅读体验，还会深深影响你的阅读收获，将来还会影响到你阅读之后开展的学术研究、学术写作的质量。

由于目前你还是一名学术文献阅读新手，所以，我们建议你不要贪心，筛选出一篇综述类文献就好。从这一篇入手，慢慢练习筛选和阅读的技巧，慢慢摸索出适合你自己的筛选和阅读方法。

■ **|任务6-5|** 确定你要拿来练手的那一篇综述类文献

（1）回顾前面的表6-3，从中选取你想要拿来练手的那一篇综述类文献。通常，那些高被引、作者在该研究领域影响力较大、内容非常丰富并且论述扎实的文献，都可以拿来试一试。如果你没有特别的偏好，我们建议你选择一篇高被引的研究综述文献。

（2）如果单从标题无法做出决定，你不妨打开你的综述类文献数据库，通过简单浏览文献的摘要，帮助自己做决定。文末参考文献列表比较长的文献也可以多留意一下。

（3）如果你还不习惯在电脑上阅读比较长的文献，可以把选中的文献打印出来。考虑到你是一名学术文献阅读新手，我就先默认你是打印出来阅读的吧。

（4）准备1～2支不同颜色的荧光笔和1支红色的中性笔，后面你在练习阅读技巧的时候一定会用到。

一点提醒： 筛选文献的标准到底是什么？

这个步骤的核心就是"筛选"，那么筛选文献的标准到底是什么？怎么样才能筛选出最优的那一篇文献？

其实在前面的任务6-5中，我们已经在提示你筛选文献最直观的几个标准：高被引次数；作者有较大影响力；文末的参考文献列表比较长。你注意到了吗？

但其实，评判综述类文献最重要、最根本的标准应该是其内容的质量。可是，既然你目前可能还没有攒够这类文献的阅读经验，不妨先采纳这些直观的标准。

第二步，通篇初读。

这一步的阅读主要是为了帮助你快速了解这篇综述类文献所关注的、所研究的是什么。

确定要拿来练手的那一篇文献之后，请你试着快速通读全文，从标题开始，到参考文献列表结束。如果你愿意，可以跟着下面的任务来完成"通篇初读"这一步。

■ **|任务6-6|** 练习通篇初读

完成一篇综述类文献的通篇初读需要花费10～20分钟的时间。如果你愿意，可以用表6-4做好阅读笔记。

（1）阅读文献标题和中文关键词，并将文献标题记入表6-4中对应的位置。

（2）阅读中文摘要，并用荧光笔将摘要中出现的关键词标记出来。文献标题和摘要中一眼可知的重点词汇（与关键词密切相关但又没有被归为关键词的词汇）也要标记出来。

（3）所有被你标记出来的词都应该跟这篇文章的主题密切相关，我们可以把它们称作"主题词"。现在，请你把这些主题词记到表6-4中对应的位置，并试着尽可能记住它们。

（4）开始通读正文。也请你一边读，一边用荧光笔标记文中与你脑海中的主题词紧密相关的标题、句子或者术语。

（5）如果遇到作者在正文中特别提及、特别点赞、特别批判的文献，请你用另一种颜色的荧光笔标记出来。千万不要放过这类文献！

（6）读到这篇文章的结论和展望时，放慢速度，留意作者此时关于综述主题的结论，以及对未来相关研究的建议。将重要的结论和建议标记出来。如果有必要，结论和展望部分可以读两遍。

（7）进入文末参考文献列表部分。尽快从中国知网把你在第（5）步标记的参考文献下载下来，存入一个单独的文件夹，用你所关注的专题的名称命名这个文件夹，在这一章，我们暂时把它叫作"我的专题文献库"。

（8）至此，你已经完成了第一篇综述类文献的通篇初读。如果感觉还没能真正掌握前面的七个小步骤，不妨再选一篇文献练练手。

表 6-4　通篇初读步骤的阅读笔记

文献标题：
我收集的主题词：
这篇文献的重要结论：
这篇文献的重要建议：
我收集到的新文献：

一点提醒： 不要迷失在你通篇初读的第一篇文献里！

　　新手尝试通篇初读一篇综述类文献时，特别容易掉进同一个坑里：迷失在这篇文献中。所以，我们建议你，开始练习通篇初读的时候，可以用闹钟帮你定时。

　　第一次练习，你可以把闹钟定在 30 分钟之后。第二次练习，不要超过 20 分钟。一般来说，熟练的文献阅读者通篇初读一篇 10 页左右的文献，用时不会超过 10 分钟，通常可能也就花费 3 ~ 5 分钟。

第三步，逻辑阅读。

　　这一步将帮助你领会你所阅读的文献之所以采用如此的架构，其作者之所以如此研究、如此写作、如此结论，究竟是为什么。

在这一步的阅读当中，你需要特别关注作者就文献主题开展综述的核心目的，并努力提炼其主体框架和行文逻辑，从而逐渐逼近这篇综述类文献的核心内容。如果你将来想要开始自己的学术写作，那么，多多尝试对文献主体框架和行文逻辑进行归纳、提炼，这会是一种特别有效的训练。

在开始关于逻辑阅读的实战任务之前，我们先总结一下综述类文献最常见的五种行文逻辑。

（1）时间脉络型，即按照时间顺序或按照所划分的历史阶段，对涉及的文献进行综合述评，如对我国医学寄生虫学发展百年历史的回顾与评述。

（2）主题归类型，即依据研究的主题、侧重点、特点等进行分类述评，如对远程教育的质量观进行分类述评。

（3）影响因素型，如对学习者流失率的影响因素进行述评。

（4）问题对策型，主要采用"起源—发展—现状—问题—对策"的逻辑，对一个主题进行综合述评，最后落脚在存在的问题与可能的对策上，如对农产品质量检测与安全控制现状的述评。

（5）结构关系型，主要对某一物质或设备的结构、功能、应用分别进行述评，如对患者行为挖掘在医疗决策中的应用的述评。

■ |任务6-7| 做好逻辑阅读步骤的阅读笔记

完成一篇综述类文献的逻辑阅读需要花费 10 ~ 30 分钟的时间。当然，做阅读笔记一定是个好习惯。如果你愿意，可以用表6-5做好阅读笔记。

（1）将你要阅读的综述类文献的标题记入表 6-5 中对应的位置。

（2）快速浏览全文，确定其行文逻辑类型，填写在表 6-5 中对应的位置。

（3）再次阅读全文，这一次你要深入正文内容。但是请注意，不要逐字逐句阅读！你需要根据文献的行文逻辑类型，抓住通篇的逻辑要点。如果感觉自己无从下手，就多留意这篇文献正文中的各级标题。一般来说，把各级标题归拢起来，应该能够体现整篇文献的逻辑框架。作为新手的你，可以把各级标题作为行文逻辑的要点，记在表 6-5 中对应的位置。

表 6-5　逻辑阅读步骤的阅读笔记

标题：
行文逻辑的类型：（　　　）
行文逻辑的要点： 1.   2.   3.   4.   ……

一点提醒： 行文逻辑的要点必须是正文里的标题吗？

其实，用正文里的各级标题来替代"行文逻辑的要点"，是不够严谨的。但是，对一名学术阅读的新手来说，这样比较容易操作，有助于在起步阶段快速上手。

等你阅读的文献越来越多时，可以在记录各级标题之余，加入你在阅读中发掘的重要逻辑链条，用来补足行文逻辑。

等有一天，你终于成为熟练的文献阅读者，就可以随意脱离正文各级标题，根据自己的理解，提炼出一篇文献的行文逻辑啦。

但是，现在请不要着急，咱们一步一步来。

第四步，观点细读。

这一步将帮助你深入了解整篇文献的核心观点，全面提取这篇文献的精髓。

在这个步骤中，你需要特别关注文献中那些能为你提供核心观点的部分，比如摘要、研究发现、研究结论、研究展望。

■　**|任务 6-8|**　做好观点细读步骤的阅读笔记

完成一篇综述类文献的观点细读需要花费 10 ～ 20 分钟的时间。如果你愿意，可以用表 6-6 做好阅读笔记。

（1）将你要阅读的综述类文献的著录信息记入表 6-6 中对应的位置。请注意，"著录信息"至少需要包括：作者、标题、期刊名称、发文年份、刊期、起止页码。举个著录信息的例子吧：郭文革，张梦哲，续芹，等.同时"在场"与在线"面对面"——对国外 26 篇在线同步视频教学研究的综述 [J].

中国远程教育，2021(02):27−35+77.

（2）请你再次通读全文，努力提取其中的核心观点，记录在表6−6中。请注意，最好能逐条记录这些核心观点，也就是说，每个观点记录在一行中，或者用数字编号区分开来。这样做会极大地方便你将来查阅文献并着手开展学术写作。

表6−6　观点细读步骤的阅读笔记

文献著录信息：
本文的核心观点： 1. 2. 3. 4. 5. ......

一点提醒： 如何简单直接地判断"核心观点"？

对一名学术阅读的新手来说，"核心观点"这个词听起来高深莫测。当你试图从一篇文献中提取核心观点的时候，很可能会感觉无从下手，或者感觉到处都是核心观点。怎么办呢？

如前所述，我们建议你首先考虑在一篇文献的摘要、研究发现、研究结论、研究展望部分发掘作者想要表达的核心观点。

又或者，你可以换个思路：假设将来你也要就类似的主题写一篇综述类论文，那么，你可能会需要引用这篇文献的哪些内容呢？这样换位思考，也许你能有所启发吧。

至此，你已经循序渐进地完成了一篇综述类文献的阅读，也在不同的阅读步骤中填好了不同的阅读笔记表格。如果你现阶段的文献阅读还只是为了做阅读练习，建议你继续严格按照不同阅读步骤的要求，采用对应的阅读笔记表格，踏实记录自己在每一步中的收获。这样的练习会让你学到如何把握一篇文献的精髓。起初也许你读一篇文献要花费一小时的时间，但是终有一天，你会发觉自己的阅读速度大大提高，阅读效率如此卓越，10 分钟甚至 5 分钟有效读完一篇文献是完全可以实现的目标！

一点提醒： 一篇文献需要这么多张阅读笔记表格吗？

在起步阶段不宜着急，一步一步来，做一步就填写一张阅读笔记表格，有助于你练出扎实的阅读基本功。等你慢慢积累起学术文献阅读量，慢慢提高学术阅读经验值，就可以尝试摸索出适合你自己的阅读笔记格式了。也许是一张表格，也许是一张思维导图，也许只是一个简单但是好用的纯文字文档——怎么样都可以，只要适合你自己。

第五步，拓展阅读。

这一步将帮助你"从树木到森林"，从孤立的单篇综述类文献阅读真正拓展到对一个主题下众多综述类文献的阅读。如果只是初期作为阅读技巧练习，选择 5 ~ 8 篇文献作为拓展阅读材料就够了。当你为学术研究和学术写作做准备时，阅读 5 ~ 8 篇靠谱的综述类文献足以帮助你较为全面地了解这一研究主题了。

在这个步骤的阅读中，你需要特别关注如何获得值得阅读的更多文献，以及如何对比阅读同一主题下的不同文献。

如何获得值得作为拓展阅读材料的综述类文献呢?

在前面练习通篇初读任务的第（5）步中，你已经用荧光笔标记了那一篇综述类文献的作者在其正文中特别提及、特别赞成或特别批判的文献。你可以登录中国知网把其中的综述类文献逐一下载下来，作为你的拓展阅读材料。

当然，你也可以回到你的"综述类文献库"，从文献库里挑选部分文献作为拓展阅读的材料。如果精力允许，把你文献库中的全部文献都拿来拓展阅读一下，也是非常有助于巩固阅读技巧的。

进入拓展阅读阶段，你的视野需要逐渐拓展到多篇文献，尤其要开始训练自己对比阅读同一个主题下不同的综述类文献。那么，新的问题又来了：如何对比阅读这些文献呢?

我们建议你重点考量这四个方面的内容：首先，关注每一篇文献的行文逻辑，从中提取你需要记录下来的重要内容；其次，关注每一篇文献的主要观点，特别是对该主题相关研究与实践发展脉络的梳理、对研究领域热点的归纳，还要注意对比区分不同的文献在这些方面有何异同；再次，通过对比阅读，发现并总结不同文献的不足；最后，注意每篇综述类文献末尾的参考文献列表，如果发现有文献被多次引用或者被重点评述（不论是肯定还是否定），也请你把它们标记出来，看看是否有必要拿来作为继续拓展阅读的材料。

关于对以上四个方面内容的考量，新手最犯憷的可能是"发现不同文献的不足"——能阅读并找到要点就很不容易了，怎么才能给已经发表的文献"挑刺"呢？

在这里，我归纳了综述类文献最常见的三类不足，供你参考。

第一类不足，未能穷尽所有文献。

具体而言，这一类不足说的是一篇综述类文献没有能够穷尽这个主题下的所有文献——这一点恐怕是所有综述类文献的不足吧？其往往体现在两个方面：其一是从发展历程来看，没有穷尽这个主题从萌芽到当下的整个发展历程；其二是从其所关注的某个时间段来看，没有穷尽这一时间段内的全部有价值的文献，比如只采用了中文文献或英文文献，只采用了中国知网上的文献，等等。

第二类不足，局限于某种分析方法。

每一篇综述类文献都需要采用某种方法来分析所收集的文献，而每一种分析方法，毫无疑问都有各自的优点和缺点。举个很典型的例子：近年来被大量采用的各种可视化文献分析方法，通常由计算机软件完成文献数据分析过程，虽然具备足够的客观性，可是也因此将研究者本人对相关领域的深刻理解排除在外了——这对综述类文献来说，可能是一个莫大的遗憾。

第三类不足，归纳逻辑不严谨。

综述类文献通常需要将收集到的全部文献进行归纳和分类，然后逐类评述。即使是对同一个主题的同一批文献进行综述，归纳、分类的过程和结果也会因为作者的逻辑思路不同而有所不同。一般而言，逻辑思路很难达到绝对的完美，因此，归类逻辑不严谨也就成为多数综述类文献的不足，具体可能体现为：分类依据不严谨；所划分的类别未能覆盖主题相关领域；不同类别的粒度不均衡，有的类别过于庞大；等等。

　　显然，综述类文献不可能只有这三类不足。特别是当你积累了越来越丰富的文献阅读经验，动手练习过综述类文献写作后，你一定能够快速判断已有文献的各种不足，比如综述的主题不够聚焦等。

　　此外，具体到每一篇文献，很可能会存在一些个别化的不足。而要准确发掘特定文献的不足，也需要你慢慢积累经验。现在，别着急，先熟悉一下前面向你介绍的三类常见不足。

第二节
跳读筛选法

　　如果说综述类文献的阅读方法适用于一类典型而特殊的文献的泛读，那么，本节要向你介绍的跳读筛选法，就属于普适的泛读技巧。在综述类文献的阅读中，其实已经能看到这种技巧的影子。这里先不提示你上一节具体哪些地方用到了这种阅读技巧。你也不要着急，当你掌握这种阅读技巧之后，我们会提醒你去重温一下综述类文献阅读法的每个步骤，和你一起感受跳读筛选法的妙处。

一、什么是跳读筛选法

　　跳读筛选，顾名思义，指跳跃着阅读，有选择、有取舍地阅读，而不是从头到尾、逐字逐句地精细阅读。一般来说，在阅读学术文献时，一字不落地阅读虽然看起来态度认真，但实际上可能不太有必要，因此，需要逐字阅读学术文献的情况极少。

跳读筛选法的重点是关注学术文献中的摘要、关键词、研究背景、研究问题、研究设计、研究结论、参考文献等部分，对它们进行有选择的阅读，暂时"跳"过其他部分，特别是目前你还难以理解的部分，从而高效率、高精度地定位你需要提炼、学习甚至将来引用的观点。

通过跳读筛选法可以在较短的时间内对大量学术文献进行有效阅读，达到两个基本目标：其一，进一步筛选出与主题匹配度较高的、高质量的学术文献；其二，在众多文献中进一步获取关键信息，验证在综述类文献阅读阶段所获得的关于研究主题的全局性认识。

一点提醒： "跳"亦有道，不可随便！

> 跳读筛选法不是随随便便地起跳、落地。这个方法致力于帮助你快速找到每篇文献的重要部分，并从中提炼出这篇文献的最核心内容，最终帮助你决定是保留并精读这篇文献，还是抛弃这篇文献。
>
> 因此，请你在练习跳读筛选法时，一定牢记两点：第一点，想明白、看清楚，再跳、再读；第二点，读完后一定要有所筛选。

二、跳读筛选法有何妙处

跳读筛选法是一种高屋建瓴、提纲挈领式的阅读技巧，因为它似乎可以帮助你站在高处俯瞰文献，通过抓重点、理纲要，收集文献中最重要的观点，并由此确定文献的价值。总的来说，这是一种既省时又高效的阅读技巧，甚妙！

具体来说，学习使用跳读筛选法，你能完成三个方面的训练。

第一个方面是训练推想能力。

在这里，"推想"是指根据摘要、关键词、研究背景、研究问题、研究设计、研究结论等部分的表述，比较准确地推测出这篇文献的大体结构和核心内容。推想能力逐步提高的过程，既是你逐渐熟悉学术论文框架和撰写思路的过程，也是你提升文献筛选能力的过程。

第二个方面是训练在阅读中时时对比的习惯。

学术文献的阅读并不是简单的"读"的动作。有质量的学术文献阅读过程一定是时时处处在对比，通常是把正在阅读的这一篇文献和之前阅读的一篇甚至一批文献做对比，在对比中厘清这些文献的异同，并进一步判断文献的价值。在学术阅读中养成对比的习惯，非常有利于你不断提高自己的阅读效率，同时不断增强阅读中的全局意识。

第三个方面是训练批判意识。

不光是学术文献阅读的新手，还有很多学术文献阅读的老手，都容易在阅读中单纯膜拜那些看起来很厉害的学术牛人，以及他们产出的、看起来很厉害的学术文献。但实际上，对你来说最有益处的阅读模式一定是具有批判意识的。

特别是在跳读筛选法的运用过程中，批判意识主要是指：有意识地去发现一篇文献在方方面面可能存在的不足之处，特别是在研究问题的提出、研究设计、研究实施、研究结论等方面的不足。在阅读中始终保持批判意识，非常有助于你确立自己下一步关注的方向，或者将来学术研究的切入点，至少能为你关于某个主题的研究思路带来启发。

三、跳读筛选法的基本步骤

在向你介绍跳读筛选法的基本步骤之前，先请你完成下面的任务，收集一些值得阅读的文献，为后面的学习做好准备。

■ **|任务6-9|** 建立你的阅读技巧训练文献库

（1）在任务6-1中，你已经确定了自己关心的研究主题，并将这个主题拆分成1～3个主题词。现在，请你把这些主题词写在下面。

（　　　　）（　　　　　）（　　　　　）

（2）登录中国知网，打开高级检索页面，将检索时间段限制在最近五年，然后用你的主题词进行主题检索。

（3）按被引次数由高到低对检索结果进行排序，下载排序前50位的文献，存入一个新的文件夹，你可以把这个文件夹命名为"我的阅读技巧训练文献库"。

（4）查看这50篇文献，看看其中是否确实包含了三类文献：中文期刊文献、英文期刊文献和学位论文。如果哪一类文献缺失，就回到上一步的检索页面，补充这一类文献。如果没有检索到英文期刊文献，可以试着把你的主题词翻译成英文，然后进行主题检索。

（5）你还需要寻找至少一本与你关心的研究主题相关的学术著作。建议你在数字图书馆或者网络书店平台，用你的主题词去检索，然后借阅或者购买中意的著作。

当你拥有了个人专属的阅读技巧训练文献库后，就可以开始按照跳读筛选法的步骤，边读边练了。

第一步，运用"篇关摘"跳读技巧，筛选文献。

任何一篇足够规范的文献都会在篇名、关键词、摘要三个部分当中呈现关于其研究主题与核心内容的信息，因此，你只需要快速阅读这三个部分，就能初步判断这篇文献是否与自己关注的主题相关了。

现在，请你完成下面的任务，练习"篇关摘"跳读技巧，筛选出你最需要的10 ~ 15篇文献。

▌▌ |任务 6-10| 练习"篇关摘"跳读技巧

请打开你的阅读技巧训练文献库，一步一步完成这个任务。

（1）在你的文献库中创建两个文件夹，分别命名为"高相关度文献"和"低相关度文献"。

（2）打开文献库中的一篇文献，阅读其篇名、摘要和关键词，勇敢判断它是不是与你设定的研究主题高度相关的文献。如果是，将它存入"高相关度文献"文件夹。如果不是，果断将它存入"低相关度文献"文件夹。

（3）如此逐一跳读每一篇文献，并根据自己的判断对其分类。

（4）请注意，要严格控制高相关度文献的总量，争取不超过15篇。如果超出太多，请对"高相关度文献"文件夹中的文献再做一次"篇关摘"跳读，筛选出其中相关度最高的10 ~ 15篇文献，并将相关度相对不那么高的文献放入"低相关度文献"文件夹。

一点提醒： 注意控制每篇文献的跳读时间。

　　对经过了大量训练的学术阅读者来说，完成一篇文献的"篇关摘"跳读，所需时间不会超过 1 分钟，也许还要更短——这应该是你在这一阶段的训练目标。

　　不过，对学术阅读的新手来说，最初可以放慢速度：先确保自己可以从一篇文献的篇名、关键词、摘要中抓住要点，做出比较准确的判断，再在练习的过程中逐渐提高判断的准确性，最后试着提高跳读速度。

　　如果你发觉自己跳读一篇文献所花费的时间超过 10 分钟，那一定要警惕起来——这实在是太慢了！

　　如果你目前跳读一篇文献大约花费 5 分钟，那么恭喜你，能达到这个速度，对新手来说是值得欣喜的。

第二步，运用文内标题跳读技巧，把握整篇文献的逻辑结构，并继续筛选文献。

　　所谓"文内标题"指一篇文献正文中的各级标题。使用文内标题跳读技巧，可以通过跳读正文中的各级标题，进一步判断这篇文献与你的研究主题是否相关、相关程度如何。

　　与此同时，由于使用文内标题跳读技巧时，你已经深入正文内部，因此，你也可以通过跳读文献正文中的各级标题，快速把握住整篇学术文献的逻辑结构，提炼出一条内容主线，浓缩出一个内容精核，便于你记忆、理解，为将来的学术写作积累素材。

　　现在，请你完成下面的任务，练习文内标题跳读技巧。

在这个任务中，你要用到你的阅读技巧训练文献库里的"高相关度文献"文件夹。

（1）打开"高相关度文献"文件夹，选取其中一篇文献。如果你对这篇文献的印象已经模糊，那就请你跳读它的篇名、摘要、关键词，初步了解它的核心内容。

（2）先把这篇文献的著录信息记下来，然后依次阅读这篇文献正文中的各级标题，边读边做笔记。表6-7可以供你参考。

（3）根据你记录的各级标题，用自己的语言来描述这篇文献的逻辑结构或内容主线，并将其记录在表6-7中。

表6-7　文内标题跳读笔记

文献著录信息：
文内标题：
文献的逻辑结构或内容主线：

（4）至此，你已经用文内标题跳读技巧读完了第一篇文献。作为一名学术阅读新手，你不需要介意自己完成步骤（1）～（3）到底花了多长时间，先注意扎实练习就行了。等你积累了足够多的学术文献阅读经验，用文内标题跳读技巧读完一篇文献，需要5～7分钟。

（5）请你继续用同样的方法，逐一阅读"高相关度文献"文件夹中的每一篇文献，反复练习文内标题跳读技巧。请注意做好笔记。

（6）读完"高相关度文献"文件夹中的全部文献后，请回顾你在这个任务中所记录的全部阅读笔记表格，看看是不是有需要修改完善的地方。之所以建议你回顾和修改笔记，是因为经过 10 ~ 15 篇文献的练习，你文献跳读和提炼文献逻辑结构或内容主线的技巧都会有一些提升。这时候，回头看看最初做的阅读笔记，也许能发现不少值得完善的地方。

一点提醒： 如果在练习文内标题跳读技巧时，发现有的文献与你选择的主题相关度比较低，怎么办？

任何一种技巧的练习过程都是你学术阅读理解能力不断提升的过程。每阅读完一篇文献，你的学术阅读理解经验都会增加一点点。

你一定要相信：通过扎实的练习，你对文献相关度的判断只会越来越准确。所以毫无疑问，果断把这篇文献挪到"低相关度文献"文件夹中！

第三步，运用关键信息跳读技巧，充分理解一篇文献。

所谓"关键信息"，是指一篇文献中与研究背景、研究意义、研究方法或理论模型、研究发现和结论等相关的那些信息——这些信息综合起来，向每一位读者充分展示了作者所开展的这项研究的全貌。

因此，运用关键信息跳读技巧，你就能够更深入地理解这篇文献，从而构建起关于这篇文献的更精确的理解框架。这样的理解框架应该能够把所有关键信息包含进去，并且能够体现出关键信息之间的联系。如果你觉得用文字来描述这样的理解框架不够清晰，还可以尝试用画思维导图的方式来呈现。

一点提醒： 没有最完美的理解框架，只有最适切的理解框架！

学术阅读的新手往往容易做这样的揣测：那些阅读高手们一定能构建出一个最完美的理解框架吧？我的理解框架肯定不够好吧？

请你千万不要有这样的误会。越是积累了足够多学术文献阅读经验的人，特别是已经开始学术写作的人，越容易认同这样的判断：关于一篇文献，没有最完美的理解框架，只有最适切的理解框架！

那么，什么是"最适切"的理解框架？只有一个黄金标准：适合你的！

具体来说，就是适合你的理解和表达方式，适合你的研究主题，适合你的研究目的，适合你将来的学术写作需求。目前来看，只要你自己觉得适合，就行了。相信自己当下的判断，也相信自己通过不间断的练习，一定能扎实提升自己的学术阅读水平和学术判断水平。

■ **|任务 6-12|** 练习关键信息跳读技巧

在这个任务中，你需要再次用到你的阅读技巧训练文献库里的"高相关度文献"文件夹。

（1）打开"高相关度文献"文件夹，选取其中一篇文献。经过前面两个跳读步骤的练习，你应该对这篇文献不再陌生了。

（2）请你先把这篇文献的著录信息记下来，然后依次阅读这篇文献中有关研究背景、研究意义、研究方法或理论模型、研究发现和结论的部分，从中提取你所需要的关键信息。表 6-8 所示的阅读笔记表格可以供你参考。

（3）揣摩你所提取的关键信息，试试看，从其中提炼出你自己认可的理解框架，用语言或者思维导图等形式呈现出来，记录在阅读笔记表格中。

（4）请你继续用同样的方法，逐一阅读"高相关度文献"文件夹中的每一篇文献，反复练习关键信息跳读技巧。请注意做好笔记。

（5）读完"高相关度文献"文件夹中的全部文献后，请回顾你在这个任务中所记录的全部阅读笔记表格，看看是不是有需要修改完善的地方。如果有，动手修改一下。

（6）如果在阅读中遇到你很难理解的内容，也可以记录在表6-8相应的位置。

表6-8　关键信息跳读法阅读笔记

文献著录信息：
研究背景（尽量用一句话来描述，最多两句话）：
研究意义（尽量用一句话来描述，最多两句话）：
研究方法或理论模型：
研究发现（每一个研究发现只用一句话来描述）：
研究结论（每一个研究结论只用一句话来描述）：
我从这篇文献中收获的其他启示：
我提炼的理解框架：
我目前觉得理解困难的地方：

一点提醒： 略过目前难以理解的内容。

到现在这个阅读阶段，你已经越来越接近整篇文章的细节内容了。在最初的跳读练习中，你一定会遇到一些感觉难以理解透彻的内容，也许是研究方法，也许是研究结论，或者是其他内容。这时候，你可能会觉得有点茫然，甚至会有挫折感。怎么办呢？

其实这样的遭遇、这样的感受很正常。作为新手，你需要习惯并且坚信：经过一段时间坚持不懈的正确练习，你终有一天能够克服这类感受。但是，能够完全回避类似的遭遇吗？那恐怕不太现实。学术阅读的历程永远是在突破你的舒适圈，永远是在给你补充自己原来不了解、不熟悉的知识。

在现阶段，你要采取的措施就是适度忽略那些难以透彻理解的内容，尽可能在你能够理解的范畴内理解。在同一个主题之下阅读了足够多的文献之后，回头再看看文献阅读笔记里你所记录的"我目前觉得理解困难的地方"，也许你会发现：这些地方都已经变得不那么难理解了！

第四步，构建关于文献的整体判断，提炼对自己有用的启示。

为什么这一步需要你"构建整体判断"？你可能会觉得，在前面的三个步骤完成以后，你已经对一篇文献甚至多篇文献都有了比较充分的了解。但是，这可能还不够。学术文献的阅读目标其实不仅是要了解一篇文献表达了什么，更重要的还是要在了解的基础上，对文献的总体学术价值进行判断，特别重要的一点是，对文献的使用价值进行判断——后者对你将来开展学术研究和着手学术写作，是非常重要也非常必要的。

为了构建关于文献的整体判断，你可以问自己一些问题，比如：

- 近期看过类似的文献吗？如果看过，那么，这些文献有何异同？

- 就这一篇文献而言，它的研究问题有足够的研究价值和实践价值吗？

- 作者提出的研究假设能回应研究问题吗？每一个研究假设表述清晰吗？

- 作者采用了什么理论工具和研究方法来解决问题？这些工具和方法适合用来解决这个问题吗？

- 作者收集研究数据或资料的过程是否严谨？是否有瑕疵？

- 作者获得的研究发现是否能回答研究问题？

- 作者归纳的研究结论是否能回答研究问题？研究结论与研究发现是紧密相关的吗？研究结论已经是常识性的，还是有独到之处？

- 这篇文献的主要贡献体现在哪里？对你将来进行学术研究和学术写作，可能有哪些启发？如果由你来写这篇文章，你会在哪些方面做一些改进？

大体来说，当你逐一思考了上述问题，基本上就能对一篇文献有一个整体判断了。当然，可以思考的问题并不限于此。当你的学术阅读经验逐渐丰富起来之后，就可以整理出自己的问题清单啦。

一切的思考都不要仅仅停留在脑子里，你要记得把关于上述问题的思考结果记录到自己的阅读笔记中。经过思考和记录，你就能对这篇文献做出专属于你的最终判断。

最后，你还可以将你认为最有价值的那些文献单独归类，放入命名为"重点文献"的文件夹，以便有需要的时候仔细品读。

■ |任务6-13| 构建关于文献的整体判断

在这个任务中，你仍然需要用到你的阅读技巧训练文献库里的"高相关度文献"文件夹。

（1）打开"高相关度文献"文件夹，选取其中一篇文献，将其著录信息记在表6-9中。

（2）依次思考关于文献总体价值的那些问题，并将你的思考结果逐一记录在阅读笔记中。表6-9可以供你参考。

（3）在表6-9的最后一栏，请你归纳总结这篇文献的主要贡献是什么。学术阅读新手能不能回答这样一个问题？对此，你一定不要犹豫。阅读练习过程当中的任何尝试都是有意义的。现阶段，不必在意你的总结是否精准，只需要相信：认真思考的人最棒！

（4）按照前面的步骤，逐一完成"高相关度文献"文件夹中文献的阅读和整体判断，并做好笔记。

（5）在逐篇阅读和思考的过程中，如果发现哪些文献具有格外高的学术价值或实践价值，请将它们单独归类，放入命名为"重点文献"的文件夹，以便以后你在开展同主题的学术研究或学术写作的时候，仔细品读。

对于那些被你收藏在"重点文献"文件夹中的文献，也建议你用适合自己的、最简单有效的方法，对其特点做一些记录，方便后续阅读、使用。我常常通过修改文献的文档名称，对其进行一些标记（见图6-4）。

● 关于文献类型的标记，比如"书""硕士论文""博士论文""综述文献""实证研究"等。

● 关于文献主题的标记，比如"（关注）扩展环境""历史""医疗""资源""（关注）大学应用"等。

表6-9　文献整体判断笔记

文献著录信息：
近期看过类似的文献吗？如果看过，那么，这些文献有何异同？
就这一篇文献而言，它的研究问题有足够的学术价值或实践价值吗？
作者提出的研究假设能回应研究问题吗？每一个研究假设表述清晰吗？
作者采用了什么理论工具和研究方法来解决问题？这些工具和方法适合用来解决这个问题吗？
作者收集研究数据或资料的过程是否严谨？是否有瑕疵？
作者获得的研究发现是否能回答研究问题？
作者归纳的研究结论是否能回答研究问题？研究结论与研究发现是紧密相关的吗？研究结论已经是常识性的，还是有独到之处？
这篇文献的主要贡献体现在哪里？对你将来进行学术研究和学术写作可能有哪些启发？如果由你来写这篇文章，你会在哪些方面做一些改进？
归纳总结：这篇文献的主要贡献是什么？

● 关于文献内容特点的标记，比如"问题讨论很细致深入""研究发

现有新意""政策建议可行"等。

● 关于文献其他特点的标记，比如"关系图（清晰）""技术（先进）""模型可用"等。

图 6-4　文献标记示例

| 任务 6-14 | 综述类文献阅读法里用到了跳读筛选法吗？

在本章第一节，咱们一起练习了综述类文献阅读法。第二节，咱们又一起了解了跳读筛选法的各种技巧。那么，综述类文献阅读法和跳读筛选法是截然不同的两种方法吗？似乎是，又似乎不是。

那么，在这个任务当中，请你静下心来思考一个问题：综述类文献阅读法里用到了跳读筛选法吗？如果一时想不清楚，请你回过头去快速翻阅本章的第一节和第二节——别忘了，跳读筛选法此时正好用得上！

第二节
不同类型学术文献的泛读技巧

在前文中，我已经以学术期刊论文为例，向你介绍了跳读筛选法的种种技巧。这些技巧其实不只适用于学术期刊论文，而且适用于绝大多数类型的学术文献。当然，具体到其他常见类型的学术文献，还会因其各自的结构特点和内容特点，发展出一些独特的跳读技巧。下面，我们就给你逐一介绍学位论文、学术著作、英文学术期刊论文的特殊跳读方法。

一、学位论文适用的泛读技巧

学位论文主要包含硕士学位论文和博士学位论文两大类。与学术期刊论文相比，学位论文的篇章结构更加固定。具体来说，不管是哪一个学科哪一级别的学位论文，都必须至少包含以下内容模块。

- 论文标题。
- 长摘要。
- 研究背景或问题的提出。
- 研究文献或实践文献的综述。
- 理论基础或研究模型。
- 研究设计。
- 研究实施或研究资料的收集与分析。
- 研究发现与研究结论。
- 研究的局限、创新性与展望。
- 参考文献列表。

因此，当你阅读一篇学位论文时，只需要抓住其包含核心内容的模块进行快速泛读，也就是采用章节泛读法，就足够了解其主体内容了。

究竟哪些模块充分包含了学位论文的核心内容呢？

首先当然是学位论文的摘要。如果要给所有论文的摘要分类，大致可以分为长摘要和短摘要两大类。学术期刊论文的摘要属于短摘要，约 300 字，较短的篇幅内涵盖了一篇学术期刊论文的要点。而学位论文的摘要则属于长摘要，在大约 800 字甚至 1000 余字的较长篇幅内，扼要介绍研究背景、研究问题与假设、研究设计、研究实施、研究发现、研究结论及研究局限等内容。因此，读完学位论文的摘要，你基本就能了解这篇论文是不是值得进一步阅读，特别是，能不能给你带来一些启发。

随后是研究设计部分。这个部分一定会提及整个研究需要使用的理论工具、研究方法、研究技术、样本情况等重要细节。这些细节是整个研究的精髓所在，毫无疑问，它们都有可能带给你重要启发。

然后是研究发现和研究结论部分。这两个部分通常前后相连，甚至有可能放在同一章当中。研究发现和研究结论的重要性无须质疑，严格来说，后人做任何研究都要站在前人的肩膀之上，因此，这两个部分是整个研究的又一个精髓所在。

接下来，还有简短但是非常值得品读的研究局限、创新性和展望部分。这些部分一定都在学位论文的后部，并不会占据很长的篇幅，但是，如果作者确实认真进行了研究和写作，这几个部分一定能帮你避开已经被探明的"雷点"，并助你确立后续研究的起点。

最后，学位论文文末的参考文献列表也是值得你在跳读过程中重点浏览的。尤其是博士论文的参考文献列表，理论上应该包含相关研究主题下绝大多数的高价值学术文献——你怎么可以错过呢？

接下来，试着完成任务 6-15 吧！

■ |任务 6-15| 尝试用章节泛读法读一篇学位论文

要想完成这个任务，你还是需要打开你的阅读技巧训练文献库。

（1）请你打开"我的阅读技巧训练文献库"文件夹，选出其中的学位论文，最好是一篇博士学位论文。如果不是，建议你在中国知网搜索一篇与你选择的主题相关的博士学位论文。

（2）打开这篇博士学位论文，把对应的文献著录信息记录到你的阅读笔记表格里。表 6-10 可以供你参考。

（3）先阅读这篇学位论文的摘要。把你在其中发现的要点记录在表 6-10 中的对应位置。为了提高阅读和笔记的效率，你可以只记录关键词。

（4）阅读这篇学位论文的研究设计部分，把你提炼的要点补充记录在表 6-10 中。

（5）阅读这篇学位论文的研究发现和研究结论，把你在这两个部分发现的要点也记录在表 6-10 中。当然，如果在第（3）步中做的记录够完善，你也可以不对表格中的对应部分做任何修改。

（6）阅读这篇学位论文的研究局限、创新性和展望部分，并对表 6-10 中的对应部分做同样的处理。

（7）快速阅读这篇学位论文的参考文献列表，把你觉得最有价值的五篇文献记在表6-10中的最后一格里。等有空的时候，一定把这五篇文献找到，然后认真读一读。

表6-10　学位论文泛读的阅读笔记

文献著录信息：
研究背景：
研究问题：
研究假设：
研究设计：
研究实施步骤：
研究发现、研究结论：
研究局限：
研究的创新性：
研究展望：
有价值的参考文献： [1] [2] [3] [4] [5]

二、学术著作适用的泛读技巧

从内容结构的规整性、统一性来看，学术著作大致介于学术期刊论文和学位论文之间。学术著作的结构具备以下突出特点：正文之前有一个完整的目录；正文内的标题必须准确概括内容；正文段落通常把最重要的论点或结论放在段首或段尾。这三个特点综合起来，正好可以帮助我们摸索出适用于学术著作的首尾泛读法。

学术著作的首尾泛读法主要包含两个步骤。

第一步，阅读目录。

与学术期刊论文或学位论文正文内的标题不大相同的是，学术著作的正文不会大量采用毫无个性的"研究背景""问题的提出""研究发现""研究结论"等标题。高度概括每个部分的核心内容是学术著作正文内标题的基本"素养"。因此，拿到一本学术著作后，你需要从头到尾快速阅读整个目录，圈划出打算后续跳读的重要部分。这些部分通常是学术著作的核心内容。如果作为学术阅读新手的你此刻还没法判断哪些是"核心内容"，不妨考虑先不圈划重点，在这一步只做到充分了解这本著作的结构框架，大致明白全书的内容主题、阐述脉络就行了。

第二步，阅读重要部分或每个部分的重要段落。

如果你已经在目录中圈划出整本著作的重要部分，那么，在这一步，请你阅读这些重要部分。如果你还不能区分哪些是著作的重要部分，那也没关系，在这一步，就请你依次跳读整本著作每个部分的重要内容。

一点提醒： 好记性不如烂笔头！

一本学术著作，少说得有几万字，多则十几万甚至几十万字。即使是速度最快的跳读，也需要少则数小时、多则数天时间。在这个过程当中，你会

> 接触到大量新鲜的信息，实在不太可能过目不忘。因此，我们建议你开始跳读一本学术著作的时候，拿出一支荧光笔和一支中性笔，边读边做记号，边读边记录感想。

学术著作的作者为了让读者们准确了解全书的重要观点，一般都会在篇章的首段和尾段、段落的首句和尾句中明确给出具有高度概括性的论点或结论，而把这些论点或结论的推理过程、支撑证据放在中间。这样的结构特点也是我们建议你使用首尾泛读法的重要依据。

具体来说，首尾泛读法要求你着重阅读书中每一章、每一节的第一段和最末一段的内容，并阅读每个自然段的第一句话和最后一句话。在这个过程中，迅速把握住这一段、这一节、这一章的内容重点，由此构建起整段、整节、整章的逻辑主线，从而建立起对整本著作的总体认识。别忘了边读边用荧光笔标记出信息含量高的句子，边读边用中性笔记录下你的阅读感想。这样坚持下来，读完整本书，你一定能比较准确地了解作者的主要思想或主要观点。

三、英文学术期刊论文适用的泛读技巧

在介绍关键词跳读法之前，我还想啰唆一句：前面介绍的各种泛读法都适用于英文学术期刊文献。毕竟，不同语种的学术文献最大的区别可能仅仅是使用了不同的语言，但结构大体一致。

不过，我们不得不承认：毕竟英文不是我们的母语，阅读英文不能如阅读中文那样流畅，英文学术期刊文献的阅读效率也不能像中文文献的阅读效率那样高。怎么办呢？你不妨试试关键词跳读法，通过尽可能准确地抓取英文学术期刊文献中的关键词，花较少的时间，获得较多的收益：准确抓住这些关键词有助于

你把注意力集中在整篇文献的核心内容上，尽可能克服语言障碍，精准理解和分析研究主题，从而大大提高英文文献的阅读效率。

为此，你需要抓取的关键词有两类。

第一类是内容关键词。英文学术期刊文献的内容关键词可以参考文中用"Keywords"标引的那三五个关键词。根据学术写作中确定关键词的规则，这篇文献所描述的整个研究都应当围绕这些关键词展开。因此，规范学术文献全文的各个部分会反复出现这些内容关键词。

第二类是结构关键词。规范的学术文献往往还会用各种关键词标识其重要的结构模块，比如文献回顾（Literature Review）、研究设计（Research Design）、样本（Samples）、研究发现（Research Findings）、研究结论（Results）等。这些结构关键词所引导的内容，是你在跳读文献的时候必须要注意的。

英文学术期刊文献适用的关键词跳读法主要包括下面三个步骤。

第一步，确定关键词，也就是确定前文提到的内容关键词和结构关键词。

第二步，打开你要阅读的文献，利用 PDF 或 Word 相关软件的检索功能，依次在文档中检索这些关键词，把你认为有用的句子标记出来，或者干脆直接摘录到你的阅读笔记中。

第三步，整理你摘录的阅读笔记，概括出对你有启发的观点。

■■ **|任务 6-16|** 练习关键词跳读法

为了完成这个任务，你需要在你的阅读技巧训练文献库里挑选出一篇英文学术期刊文献。

（1）打开你选中的这篇文献，把它的文献著录信息记下来。

（2）找到它的内容关键词，记入你的阅读笔记表格。表 6-11 或许可以供你参考。

表 6-11　关键词跳读法阅读笔记

文献著录信息：
内容关键词：
通过内容关键词检索到的重要句子：
结构关键词之文献回顾（Literature Review）：
结构关键词之研究设计（Research Design）：
结构关键词之样本（Samples）：
结构关键词之研究发现（Research Findings）：
结构关键词之研究结论（Results）：
这篇文献给我的启发：

（3）利用内容关键词进行全文检索，把收集到的重要的句子记录在阅读笔记表格中对应的位置，此时不必着急辨明每个句子所表述的内容。

（4）利用结构关键词进行全文检索，同样把收集到的重要的句子记录在阅读笔记表格中对应的位置。

（5）认真理解第（3）步中收集的句子，按内容放入表格中对应的结构关键词之下。

（6）整理阅读笔记表格，注意去掉冗余的句子。

（7）把你的阅读感想，特别是整篇文献给你的启发，扼要记录在阅读笔记表格的最后一格。

一点提醒： 泛读不等于浅读！

本章至此介绍了各种各样的泛读方法。不知道你是不是已经构建起了对学术文献泛读的初步印象？泛读一定是浅尝辄止、流于表面的阅读吗？

如果你认真完成了本章的每一个任务，一定会和我有一样的感受：泛读不等于浅读。能够帮助你了解一篇文献的研究主题、研究问题、研究设计、研究发现、研究结论的阅读方法，绝对不是浅尝辄止，分明已经深入了这篇文献的内容核心。所以，不要小看这些泛读方法和技巧，认认真真学，认认真真读吧！

第七章

精读实战：

方法、技巧与应用训练

💬 本章导读

　　学术文献精读可以帮助你深挖主题相关文献的学术价值。特别是，如果你能够在完成学术文献的泛读之后尽快开始学术文献的精读，就能够直接使用在泛读阶段筛选出的优质学术文献，并且在通过泛读初步形成的全局性认识基础上，对文献相关主题进行更深入、更细致的阅读和思考，汲取更精华的内容，最终支持你进一步开展研究、撰写文章。

　　本章将首先将帮助你了解精读的重要性和如何做好精读笔记，然后引导你围绕你所关注的研究主题，熟悉并练习学术文献精读的几种好用的方法。本章的内容要点如图 7-1 所示。其中，第二节介绍的通篇精读法，学会这个方法，你将能够在文献精读的路上快速、高效起步；第三节介绍的选择性精读法，借助这个方法，你可以从文献中高效率汲取最有用的内容；第四节介绍的互动精读法，将鼓励你用正确的"套路"与同行、与作者进行学术交流，正确而深刻地理解学术文献；第五节介绍的归纳精读法，将引导你深深扎入学术文献，从而搭建起从学术文献阅读到学术研究、学术写作的桥梁。

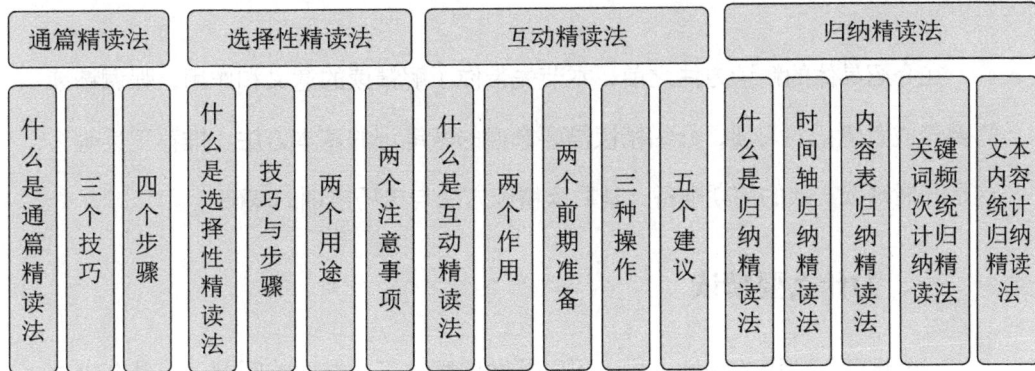

图 7-1　第七章内容要点

本章学习目标 >>

- 了解学术文献精读的重要性，以及做好精读笔记的要点。
- 掌握学术文献通篇精读法的技巧与步骤。
- 掌握学术文献选择性精读法的技巧与步骤。
- 掌握学术文献互动精读法的技巧与步骤。
- 掌握学术文献归纳精读法的技巧与步骤。

第一节
精读一定要做笔记

在介绍具体的精读方法之前，本节先带你了解精读的意义和作用，强调精读需要养成做笔记的习惯，介绍精读需要掌握的做笔记的基本方法、推荐工具等。这是开展精读实战的前期准备，是后续精读方法与技巧实训的基础。

一、为什么要精读

一个规范、严谨的精读过程，可以帮助你解决三个层面的问题：一是在学术阅读的总体层面解决"陌生感"的问题，帮助你了解学术文献的思路、方法、逻辑，熟悉所属学科的主流研究范式，为自己将来的学术写作提供参考；二是在研究方法的技术层面解决无从下手的问题，帮助你学习学术文献的数据处理手段、实验操作方法、逻辑论证方法等，为自己研究的设计和实施提供借鉴；三是解决文献所引证的资料积累不足的问题，让你方便、高效地记录与学术文献相关的重要观点和结论，或者作为比较阅读、梳理脉络的基础，或者作为写作思辨时的论据来源，为自己将来写作学术论文和学术著作做好准备。

二、怎样做好精读笔记

毫无疑问，学术阅读离不开"做笔记"这个动作——有兴趣翻开这本书的人肯定都会认同这一点。做笔记的方法各种各样，你一定也曾经画横线、画圈圈、打问号、写批注、写体会、做摘抄。的确，在学术阅读的过程中，如何高效率地做出一份有价值的笔记，以及如何借助这份笔记完成学术文献的精读，是值得专门学习和掌握的精读技能。

学术文献的阅读笔记，特别是精读笔记，涉及的文献内容往往比较多，你自己的"感想"也比较多。那么究竟应该怎样更好地做精读笔记？

请你相信，在笔记这件事情上，没有"最好的"，只有"最适合的"：最适合这篇文献，最适合你的阅读和思考习惯，最适合你的查阅习惯，以及将来最适合你的写作习惯——这样的笔记就说得上是"最好的"精读笔记了。

三、好用的精读笔记工具

当你读中学、小学的时候，一定已经习惯了用笔和纸做笔记。但是，现在，我们建议你一定要逐渐习惯使用台式电脑、笔记本电脑、手机及其他文档阅读器等网络终端设备工具来做阅读笔记。毕竟，这已经是一个"互联网+"的时代。

具体来说，用这些工具做笔记的好处有两点。

其一，当下的学术工作已经高度依赖这些工具。越来越多的纸本文献正在数字化，越来越多的数字文献根本不需要纸本化。人们获取、阅读、交流学术文献的方式都已经可以完全脱离传统的笔和纸。

其二，这些工具能帮助你大大提升阅读效率。电脑上可以安装的阅读软件品种丰富、笔记功能强大，还可以通过云存储等办法实现不同设备间的共享，方便你标记、摘抄、记录、对照、点评，最终形成你专属的阅读笔记模式。甚至，当你将来开始学术写作，这些笔记都可以直接引用、插入你的文章中。

四、有哪些好用的精读笔记方法

从精读笔记的提取过程和外在形式来看，通常有三种精读笔记方法：批注式精读笔记法、复述式精读笔记法、引证式精读笔记法。这三种方法各有所长。在本节后面的内容当中，我们会依次向你介绍这三种方法。

在开始学习精读笔记方法之前，请你先完成下面这个任务。

■ **|任务 7-1|** 选定你打算精读的文献

在前面的第六章里，你已经确定了自己关注的研究主题，并且建立了自己的几个文献库。在这个任务中，你要用到其中的一个文献库。

（1）找到你已经建立好的"我的阅读技巧训练文献库"。

（2）打开文献库里面的"高相关度文献"文件夹，根据自己的兴趣，从中挑选你想拿来做精读练习的 1 ～ 3 篇学术期刊论文。

（3）简单浏览这几篇论文，确认自己想拿它们来做精读练习。如果之前曾经拿它们做泛读练习，也可以把泛读笔记找出来，浏览一遍，帮助自己建立起初步印象。

（4）如果此刻你想在"我的阅读技巧训练文献库"之外选定精读文献，也完全可以。精读过程容易感到枯燥、疲累。在开始精读练习之前，请你一定选择自己感兴趣的文章。

（一）批注式精读笔记法

顾名思义，批注式精读笔记法，就是在阅读的过程中，用明显的符号标记出你觉得需要特别关注的内容或者存在疑问的内容，并写下你的批语或注解，帮助自己在精读过程中加深理解，特别是方便后续进一步学习、回顾、再聚焦。

精读笔记中经常用到的批注有以下四种形式。

第一种是抓重点批注。这种批注形式要求抓住文献中那些重点内容，逐一进行划线等标注，如图 7-2 所示。这些重要内容可以是文献中重要的方法、数据、观点、结论等。抓重点批注时可以采用的标记符号有很多种，如直线、双线、圆圈、方框、感叹号等。

慕课的低完成率、高流失率是有关慕课可持续发展的一个重要质疑点。以往的研究显示，大部分慕课的完成率应该在 5% 左右（Jordan, 2014; Loeckx, 2016）。2019 年发表在 *Science* 上的一篇文章则对学习者在慕课平台上的学习保持率进行了分析。该研究

图 7-2　抓重点批注的示例

第二种是感受式批注。在精读过程中，如果遇到有所启发的句子、段落，或者虽然有启发但是自己感觉理解还不透彻的地方，你都可以把你此时的感想概括为简洁的句子，记录下来，方便你过段时间回头整理思路或者反复思考。你可以把批注文字直接写在文献中对应句子、段落的上方或侧面，如图 7-3 所示。

Ruipérez-Valiente, 2019）。可持续发展的关键还是学习成果认证
有关慕课可持续发展的另一个关键点在于其商业
模式。在过去的几年里，Coursera、edX、Future-
Learn 等平台不断通过调整定价策略、拓展产品业务
线、开拓增值服务等方式以实现商业上的盈利，但是
如何让用户付费并维护如此大的课程和用户规模依然
是让各平台头疼的问题。早期慕课"三驾马车"之一
的 Udacity 在 2019 年就通过提高服务价格、削减运
营成本的方式以寻求可持续发展，其具体举措包括：
①通过裁员，将 Udacity 的员工数量从原有的 500 人
降为 300 人。②取消了包括巴西在内的多个国际办公
室。③将 Udacity 的 APP 应用从移动端下架。④聚焦
核心业务，加快纳米学位的开发进度，同时关闭部分
纳米学位。⑤更改纳米学位的付费模式。在 2019 年
5 月起开始按月付费，每月费用标准为 399 美元，此
价格是早期纳米学位价格的一倍，到 2019 年 10 月份
又对付费模式进行了简单调整。目前的付费方式为按

图 7-3　感受式批注的示例

第三种是比较式批注。当你围绕某一个特定主题，完成过一些文献的泛读或者精读之后，不光能够积累关于这个主题的阅读笔记，脑海里也会逐渐形成与之相关的认识。在这样的基础之上继续精读，可能就会发现这篇文献中的观点与你以往的认知或者笔记中记录的某个要点相似或者相反。这个时候，你可以将对比不同观点后的所思所感批注在文献中的合适位置，如图7-4所示。

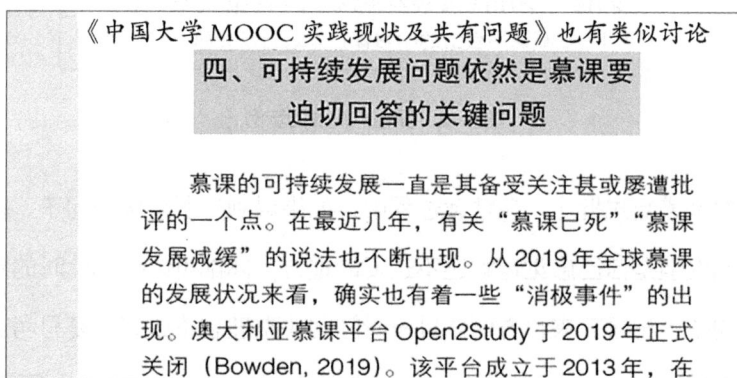

图 7-4　对比式批注的示例

第四种是批判式批注。这一类批注主要用于记录你精读过程中脑海里浮现的各种疑问，特别是对所读文献的种种质疑。比如，若你不太认可这篇文献的某处内容，或者认为其有不足、有遗漏，存在可以改进的地方，都值得在文献中合适的位置进行批注。感觉自己暂时表达不清楚的时候，可以简单地打一个问号，当然，更有用的做法是具体写出自己的困惑，用文字记录下自己饱含批判性的观点。图7-5就是批判式批注的例子。

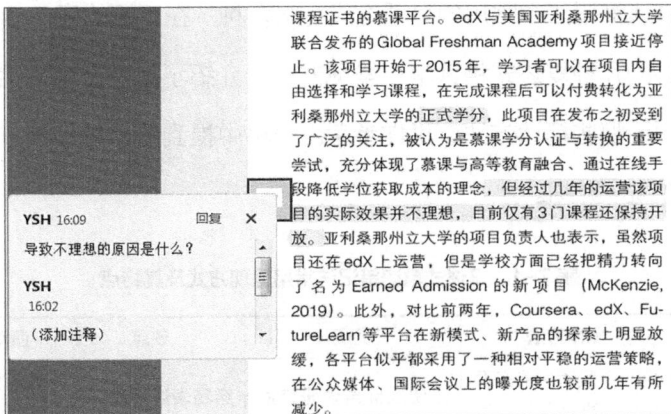

课程证书的慕课平台。edX与美国亚利桑那州立大学联合发布的Global Freshman Academy项目接近停止。该项目开始于2015年，学习者可以在项目内自由选择和学习课程，在完成课程后可以付费转化为亚利桑那州立大学的正式学分，此项目在发布之初受到了广泛的关注，被认为是慕课学分认证与转换的重要尝试，充分体现了慕课与高等教育融合、通过在线手段降低学位获取成本的理念，但经过几年的运营该项目的实际效果并不理想，目前仅有3门课程还保持开放。亚利桑那州立大学的项目负责人也表示，虽然项目还在edX上运营，但是学校方面已经把精力转向了名为Earned Admission的新项目（McKenzie, 2019）。此外，对比前两年，Coursera、edX、FutureLearn等平台在新模式、新产品的探索上明显放缓，各平台似乎都采用了一种相对平稳的运营策略，在公众媒体、国际会议上的曝光度也较前几年有所减少。

图7-5　批判式批注的示例

（二）复述式精读笔记法

所谓复述式精读笔记法，就是在文献阅读笔记中，用合适的呈现方式，尽可能全面、简明、扼要地再现所读文献的内容。这样的笔记看起来简单，但其实很有益处：它既可以帮助你专注阅读并及时记下你的阅读所感，也可以帮助你反复练习提炼重点的本领，还可以帮助你熟悉学术表达的逻辑"套路"和语言"套路"。

一点提醒： 复述也要有重点！

在小时候的语文课堂上，你一定也做过类似的复述故事的练习。那时候，可能只需要从头到尾把故事讲一遍，老师就会给你点赞。但是，现在，当你试图复述一篇学术文献的时候，一定要时刻牢记：不管你采用什么样的呈现方式，都必须突出你自己鉴别出来的重点、亮点！这样的复述式精读笔记对你来说才是最有用的。

复述式精读笔记法中常用的呈现方式有很多种。在下面的表 7-1 中，我们列举了适合新手的几种复述式精读笔记呈现方式，介绍了每种方式的优点和缺点，以及各自适用于哪些精读方法，供你参考。表格中提到的几种精读方法，我们都会在后面向你逐一介绍。

表 7-1　复述式精读笔记法常用呈现方式及其特点

呈现方式	操作方法	优点	缺点	适用的精读方法
文字	用一个段落，最多两个段落直接复述文献的内容	方便准确再现研究逻辑和文章结构	容易表述啰唆，淹没重点	通篇精读法 选择性精读法 互动精读法
提纲	用列提纲的方式复述文献的内容	非常直观，方便凸显文献的框架或要点	容易过于简单，遗漏要点或要点之间的关系	通篇精读法 选择性精读法 互动精读法 归纳精读法
思维导图	用画思维导图的方式复述文献的内容	非常直观，方便凸显文献的框架或要点	容易过于简单，遗漏要点或要点之间的关系	通篇精读法 选择性精读法 互动精读法 归纳精读法
关键词	用提取关键词的方式复述文献的内容	表述精练，要点突出，方便回顾	容易过于简单，遗漏要点或要点之间的关系	选择性精读法 互动精读法
表格	用画表格的方式复述文献的内容	表格结构可以灵活设计，方便记录任何想要记录的内容，适合不同风格的文献	表格的设计容易过繁或过简	通篇精读法 选择性精读法 互动精读法 归纳精读法

一点提醒： 复述的字数不宜过多！

虽然是"复述"，但是也不要放纵自己沉没在笔记的海洋里，更不要大段抄写或者背诵文献中的内容。那样的复述式精读笔记可能用处不大。

所有的文献阅读笔记都得好用、有用。所以，我们想再次诚恳地建议你：一篇学术期刊文献的阅读笔记最好不要超过半页 A4 纸，最多不超过一页 A4 纸，学位论文和学术著作等的阅读笔记篇幅也需要尽量简短。不然，最重要、最有用的阅读感想都淹没在不重要的信息当中，这样的笔记无论如何都不会是好用的笔记吧？

|任务 7-2| 练习复述式精读笔记法

（1）打开"我的阅读技巧训练文献库"里的"高相关度文献"文件夹，选择一篇中意的学术文献。

（2）仔细阅读这篇文献，并尝试用文字这一呈现方式扼要复述这篇文献。

（3）仔细阅读这篇文献，并尝试用提纲这一呈现方式扼要复述这篇文献。

（4）仔细阅读这篇文献，并尝试用思维导图这一呈现方式扼要复述这篇文献。

（5）仔细阅读这篇文献，并尝试用关键词这一呈现方式扼要复述这篇文献。

（6）仔细阅读这篇文献，并尝试用表格这一呈现方式扼要复述这篇文献。

（7）对照这五份阅读笔记，回顾阅读过程和做笔记的过程，体会一下每种呈现方式的特点。如果你在这个过程中发现了特别适合自己的复述式精读笔记呈现方式，请一定记下来。

（三）引证式精读笔记法

所谓引证式精读笔记法，就是为将来展开学术写作时引证文献而做准备的笔记方法。这种笔记的益处很明显：可以直接为你积累将来开展学术写作必需的各种素材。

具体来说，做好引证式精读笔记，能够极大地方便你规范、高效地梳理相关主题领域的研究成果，纵览其发展脉络，或者俯瞰其发展片段。特别是当你阅读外文文献的时候，更有必要及时提取、翻译重要内容，以便将来写作时能直接引用，从而为自己节约时间。

理论上来说，复述式精读笔记法中常用的呈现方式在引证式精读笔记中都能用。但是，为了将来你自己写作学术论文的时候更有效率，我们想建议你尽可能采用文字或者表格来记录你的引证式精读笔记，这样做可能会方便你将来回看笔记，也更方便你进行文献的比较、归类、查找、使用。

■ |任务 7-3| 练习使用引证式精读笔记法

（1）打开"我的阅读技巧训练文献库"里的"高相关度文献"文件夹，选择三篇中意的学术文献。

（2）使用引证式精读笔记法，依次阅读这三篇文献，做好笔记。引证式精读笔记的模板可以参照表 7-2。

（3）比较你已经完成的三份引证式精读笔记，体会一下这种笔记方法的妙处。

表 7-2　引证式精读笔记的模板

文献信息		
序号	可引内容	我的点评
1		
2		
3		
……		

在了解为什么要做精读笔记及如何做笔记之后，我们要向你介绍四种好用的精读方法：通篇精读法、选择性精读法、互动精读法、归纳精读法。这些精读方法是按对学术阅读新手的要求从低到高排列的。充分熟悉这些精读方法的特点和使用技巧，一定能帮助你大大提高学术文献精读水平。

■ |任务 7-4| 练习使用精读笔记的三种方法

（1）打开"我的阅读技巧训练文献库"里的"高相关度文献"文件夹，选择一篇中意的学术文献。

（2）仔细阅读这篇文献，并尝试使用批注式精读笔记法做笔记。

（3）第二次仔细阅读这篇文献，并尝试使用复述式精读笔记法做笔记。

（4）第三次仔细阅读这篇文献，并尝试使用引证式精读笔记法做笔记。

（5）对照三份阅读笔记，回顾阅读过程和做笔记的过程，体会一下每种笔记方法的特点。

第二节
通篇精读法

通篇精读法是最基础的精读方法。如果甚至无法从头到尾仔细阅读一篇文章，就无从谈精读了。但是，通篇精读不是死读，只阅读，不思考；也不是"尽信书"，完全跟随作者的思路和脚步去阅读；更不是"只见树木不见森林"，不懂得横向与纵向的比较。本节将为你介绍和演练通篇精读法的主要技巧和关键步骤。

一、什么是通篇精读法

什么是通篇精读法？顾名思义，是从头到尾精细读完一整篇文献的精读方法。对于学术阅读新手来说，在通篇精读法的运用过程中，如果没有确凿的把握，最好不要随意漏掉一篇文献的任何一个组成模块。

读到这里，请暂停，回顾一下一篇学术文献可能包含哪些内容模块。如果发现自己回顾起来有点困难，或者，如果回顾过程中有不确定的地方，不妨打开本书第六章，找到相关内容再读一读。

二、通篇精读法的三个技巧

要想用好通篇精读法，可以考虑采纳以下三个技巧。

技巧之一：带着猜想去精读。

以一篇学术期刊论文的通篇精读为例，你需要根据论文标题、摘要、关键词等，对论文的大概内容、逻辑、结论等做出自己的猜想。这个猜想的过程可以记录在你的笔记当中，作为你主动思考的痕迹，也作为你提升自己的起点。这样的猜想过程，其实也是研究思维和写作思路的有益训练过程。结合猜想的技巧，你可以在精读过程中一边阅读、一边印证、一边训练、一边提升。

你的猜想结果需要及时记录下来。当你逐步深入一篇文献、逐步获取作者本人的研究思路之后，可以对照你的猜想与作者的思路，从中了解自己和作者各自的长短。

一点提醒: 猜想不是空想!

　　猜想靠"猜",但是绝对不应该流于空想。

　　当你开始精读一篇文献的时候,你应当已经围绕相关主题完成了必要的学术文献泛读,初步了解了这个主题下已有学术文献的概貌,甚至应当初步形成了对这个主题的基本认识。也许这些认识还不成熟,甚至还不够准确,但是没关系,请你勇敢地基于这些宝贵的认识,在接下来的精读过程中开展勇敢的猜想。

|任务 7-5| 带着猜想去通篇精读

　　这个任务的步骤非常简单。开始之前,请你选一篇适合拿来通篇精读的文献,最好是与你所关注的研究主题相关,但是你还不曾精读过的文献。

　　(1)选定你想要拿来练习通篇精读法的文献,把文献的基本信息记录在阅读笔记表格里。表 7-3 是一个简单的通篇精读笔记表格模板,可以供你参考。

　　(2)阅读这篇论文的标题、摘要、关键词,并在阅读过程中对论文主要内容、逻辑链条、主要结论等进行猜想,把猜想结果记录在你的阅读笔记表格里。猜想的维度不必限制在上述三个方面,比如,你也可以猜想一下:论文中所描述的这么一项研究,有可能在哪些方面存在不足?

　　(3)结束猜想,开始通篇精读论文,并对照你猜想的内容,把作者的相关描述记录下来。注意控制阅读时间,不要短于 10 分钟,也不要长于 60 分钟。

　　(4)对照你的猜想和作者的描述,总结自己猜想结果中的亮点,看看作者有哪些地方值得自己借鉴,并请你将这些都记录在你的通篇精读笔记中。

表7-3 通篇精读笔记表格

文献基本信息:		
猜想维度	我的猜想	文章里是这么说的
主要内容		
逻辑链条		
主要结论		
……		
我的猜想结果中有这些亮点		
作者在这些方面值得我借鉴		

技巧之二：带着批判精神去精读。

真理不是绝对的，科学研究始终是一个努力探索和接近真理的过程。所以，千万不能默认任何文献或任何作者所说的都是绝对正确的。一位有潜力的学术研究者或者学术写作者，一定会永远保持清醒的质疑态度，保持勇敢的批判精神——这当然也是高质量学术阅读所必须坚持的精神，更是高质量学术研究、学术写作所不可或缺的学术精神。

技巧之三：坚持边比较边精读。

精读的过程也是拓展学术视野的过程。我们一定要坚持在精读中不断比较，至少要尝试：反复比较你的猜想与作者的实际研究思路有何差异，以及不停地拿你在泛读过程中获得的认识与这篇精读文献中作者表达的观点进行比较。

只有通过持续、多次的比较，我们才有可能在逐渐宽广的学术视野当中，逐渐看清楚一篇学术文献真正的价值在哪里。不断比较、不断精读的练习过程，也是你的思路逐渐走向流畅的过程。

三、通篇精读法的四个步骤

现在，让我们一起来了解通篇精读法的四个步骤，每一个步骤要用到上述至少一种精读技巧。

第一步，围绕学术文献主题，展开初步的猜想。

如果你要精读的是一篇学术期刊论文，在读完论文的标题、摘要、关键词之后，不妨猜猜看：作者会采用怎样的研究设计？具体可能使用怎样的研究方法？将如何开展论证或分析？可能会从哪些方面获得怎样的研究结论？……

如果你要精读的是一本学术著作，你可以通过浏览书名，再细读内容提要或前言，然后翻阅目录等部分，对全书的逻辑链条做一个猜测，还可以勇敢猜想作者可能提出什么样的结论。

如果你要精读的是一篇学位论文，你在猜想之前需要浏览的内容大致应该是这篇论文的标题、摘要、关键词、目录，而接下来你需要猜想的内容，既要包括研究设计、研究方法，也要包括逻辑链条、研究结论等。

第二步，带着问题批判性地阅读，并做好笔记。

在这一步中，你需要边阅读边做笔记。当然，你可以用笔在纸上做标记，但我们更建议你用电子文档来做记录。

在这个过程中，你需要时刻将以下问题装在脑子里：

● 这篇学术文献想解决什么问题？

- 为什么作者认为这个问题必须得到解决？

- 作者使用的研究方法是否合适？

- 作者描述的研究过程是否可重复？

- 作者获得了哪些研究发现？你觉得作者的这些研究发现是否完整和准确？

- 作者的讨论、分析部分是否透彻？

- 结论是否回应了研究问题？

- 这项研究的创新点是什么？

- 研究局限性和未来需要解决的问题是什么？

- ……

当然，值得带入精读过程中的问题远不止上面这些，你可以根据自己所涉及的专业领域和具体研究主题做一些调整。

第三步，复述你所阅读的文献，并扼要记录自己的理解。

先猜想后精读，并且带着问题去精读之后，必不可少的一步就是用你自己的话把你对这篇学术文献的理解，流畅、清晰地表达出来，最好还能扼要地记录下来，这样才算是真正读进去了。

一点提醒： 新手的复述有价值吗？

此时，你不需要顾虑自己还是一个学术阅读新手，更不必担心"如果我理解错了怎么办"，或者"如果我漏了要点怎么办"。在这样的精读过程中，你对关键内容的记忆和理解过程，恰恰是你对文献相关知识的深度学习过程。经过一次次复述练习，你的阅读过程会越来越"精"，你对相关研究主题的理解也会越来越深入。

在你复述并做笔记的时候，为了防止像"猴子掰玉米"那样浮光掠影，我们建议你着重回忆和记录以下这些要点。

- 研究问题或研究内容。
- 研究价值或研究目的。
- 研究方法，特别是你不曾了解的研究方法。
- 研究过程。
- 研究发现，特别是让你深受启发的研究发现。
- 研究结论，特别是让你深受启发的研究结论，以及这些结论是否回应了作者提出的研究问题。
- 整个研究的创新点，特别是作者自己没有提到的创新点。
- 研究的局限性，以及还需要进一步解决的问题。

虽然看起来值得复述的要点真不少，但是有效率、有价值的复述并不需要涉及太多内容。如果记录在文档中，半页 A4 纸就足够了，最多也不要超过一页 A4 纸。

第四步，基于你做好的笔记，反复进行纵向、横向的比较。

在完成第三步后，你已经对正在精读的这篇文献有了全面而清晰的认识，但是，这还不够。请你不要止步于仅仅了解手头这一篇文献，还要继续往前走，对不同的文献做一些纵向、横向的比较。

所谓纵向的比较，可以结合你在泛读中获得的高价值的综述类文献，思考你手头这篇文献在这个研究主题的发展脉络中究竟处于什么阶段：是较早的文献，还是新近出现的文献。如果是较早的文献，那么它与近期的相关文献有什么不同。如果是新近出现的文献，它又与早期的文献有什么区别。

所谓横向的比较，可以结合你在泛读中积累的同一个主题的文献阅读笔记，思考你手头这篇文献相对于其他众多文献，在研究视角、研究方法、数据处理、研究发现、研究结论等各个方面，有哪些特别之处，有哪些创新和不足。

一点提醒： 纵向、横向比较之后呢？

进行了多篇文献之间的纵向、横向比较之后，你还需要勇敢地往前走一步，认真思考一个问题：如果让你就这个主题开展研究，你会选择什么样的方法、什么样的研究设计，预计得到什么样的研究发现？

不要担心你的设想不够完善，这样勇敢思考的过程能让你一遍一遍熟悉规范的学术研究所应当包含的各个步骤，这也是你学习文献阅读的重要目标。

■ **|任务 7-6|** 综合运用通篇精读的技巧，精读一篇文献

在第六章的学习中，你已经建立了几个属于自己的文献库，分别命名为"综述类文献库""我的专题文献库""我的阅读技巧训练文献库"。在这个任务中，你需要用到这些个人专属文献库中的文献。

（1）根据自己的兴趣，从任何一个个人专属文献库中选出一篇学术期刊论文，作为通篇精读练习的阅读内容。

（2）参照本章前面部分的示例，为自己设计一张适用于通篇精读的笔记表格。

（3）先阅读论文的标题、摘要、关键词，然后围绕学术文献主题，展开

初步的猜想，并把猜想的结果记录在你的笔记表格里。如果在这个过程中发现笔记表格不够好用，一定记得随时调整它。

（4）根据前面的介绍，确定你在进行批判性阅读的时候要重点思考的几个问题，并记在你的笔记表格里。接下来，带着这些问题开始精读这篇文献，边阅读、边思考、边记录。必要的时候，也可以继续完善你的通篇精读笔记表格。

（5）完成上面这一步后，尝试复述你所阅读的这篇文献，并扼要记录自己的理解，完成你的通篇精读笔记的主体内容。

（6）回顾你的这份精读笔记，简单地进行一些纵向、横向的比较，把比较结果也记录在通篇精读笔记表格里。嗯，没错，就这么一份精读笔记，很难做好纵向或者横向的比较。

（7）如果你愿意，另选两篇同一主题下的文献，重复前面的第（3）～第（6）步，再完成两份精读笔记。

（8）拿着这三份精读笔记，开始愉快的纵向和横向比较吧！记得把比较过程中的发现或心得，补充到你的精读笔记当中。

第二节
选择性精读法

通篇精读法毕竟耗时耗力，在你进行了一定量的学术文献阅读后，你会发现，同类学术文献通常有类似的结构，有些结构、内容可以不用深入细读，你可以挑选那些最为核心、最具创新性的内容进行精读，从而高效率汲取最有用的内容，提高阅读效率和阅读质量。而且，有选择的精读，也有助于你进行有针对性的引用等。

因此，本节将在通篇精读法的基础上，带你了解选择性精读法的技巧、步骤、用途和需要注意的事项。

一、什么是选择性精读法

通篇精读法能够帮我们获取最丰富的文献内容信息，但通篇精读非常耗费时间和精力，而且并不是你收集的所有优质文献都需要通篇精读。因此，我们还要向你介绍选择性精读法。

选择性精读法，顾名思义，是指通过理性的、目的明确的精读过程，从文献中高效率汲取最有用的内容，让它们为你将来的学术研究与写作提供更好的支撑。

在前面的学术文献泛读过程中，你已经建立了"我的专题文献库"。其中有一些文献之所以被你纳入库中，可能是因为它的某一个方面、某一个点值得你深入阅读，但是如果纵览全文，你可能又会觉得这些文献某些部分很"弱"。对于这样的文献，你可以采用选择性精读法。

二、选择性精读法的技巧与步骤

单说选择性精读法中适用的技巧，其实和通篇精读法中适用的技巧几乎完全一样：带着猜想去精读，带着批判精神去精读，坚持边比较边精读。这里就不再啰唆了。

而选择性精读法的一般步骤与通篇精读法略有不同，你只需要做到两步：第一步，带着问题批判性地阅读，并做好笔记；第二步，拿着你做好的笔记，反复进行纵向、横向的比较。没错，只需要这两步，你就能顺利完成选择性精读。

三、选择性精读法的两个用途

持续使用精读技巧，我们发现，选择性精读法可以非常有效地支持我们进行研究性学习，也可以非常有效地帮助我们采集、积累引用素材。

1. 支持研究性学习

研究性学习通常发生在我们尝试模仿已有研究或者改进自己的研究设计的时候。此时，通过选择性精读，我们可以深入、专注地学习某篇学术文献的某个研究方法、某个数据呈现方式或某个论证技巧。简单举个例子，当我们阅读《对我国远程高等教育规模的中长期预测》（载《中国电化教育》2012 年第 8 期）这篇文献时，作者所采用的回归模型分析方法也许可以供你用于类似的研究情境，反复研读这篇文献中关于这个研究方法的内容，你也许会获得更多启发，比如根据你所要开展的研究课题，灵活使用这个方法。

一点提醒： 利用选择性精读法开展研究性学习，该关注些什么？

很显然，运用选择性精读法时，我们要关注的不会是某篇文献的全部内容。一般来说，一篇文献当中经常被选择性关注的是整体论证逻辑、行文方法，或者某个数据处理方法、某个实验操作、某个检测方法甚至某个作图技巧等，任何有亮点的地方都值得你关注。

当然，随着你不断积累自己的精读经验，终有一天，你会逐渐摸索出你觉得一篇文献中最值得关注的点。你一定也很期待这一天的到来吧？那就以此为动力，鼓励自己不断阅读、认真阅读吧！

2. 帮助采集、积累引用素材

如果说学术阅读的尽头是学术写作，那么从阅读到写作这一路上，你需要不断积累有益的素材。

有时候，你要在同一个主题下的多篇相关文献中收集同一问题的不同结论或观点，以方便自己更全面、更精准地了解相关研究的状况；有时候，你需要积累某方面的研究数据或研究观点，作为未来写作的支撑证据。简单举个例子，如果你想了解"世界一流开放大学"的评价指标，就可以选择几篇有价值的相关文献，比如《试论一流远程开放大学的标准》（载《中国远程教育》2007 年第 6 期）、《开放大学改革：使命、发展与挑战》（载《开放教育研究》2020 年第 4 期）、《建设中国特色一流开放大学：目标内涵与行动策略》（载《开放教育研究》2018 年第 3 期）等，对这些文献进行选择性精读，采集有启发的观点，记录在阅读笔记中，方便将来学习时回顾，也方便将来写作时引用——这时候，不要犹豫，果断开启选择性精读之旅吧！

一点提醒： 使用选择性精读法积累引用素材，该关注些什么？

为了进行更精准的学习或者为了将来的学术写作，当你开始使用选择性精读法时，你需要牢记：那些对你所关心的研究主题真正有用的要点，都是值得你关注的。

如果单论值得关注的要点的类型，无非就是这项研究的核心观点、重要数据、核心结论等。但是，倘若这些要点并没有紧紧围绕某个主题，那可能对你来说就价值不大了吧？

四、选择性精读法的两个注意事项

从实战经验来看，当你采用选择性精读法时，要牢记技术层面的两大注意事项。

首先，一定要注意即读即用。

在使用选择性精读法时，你需要时刻牢记你进行阅读的目的及要达到的目标，时刻追求阅读的"性价比"，这样才能充分发挥选择性精读法的价值。"即读即用"才是对选择性精读法最大的尊重。

如果目的不清楚，目标不明确，那么读到一个似乎不错的方法或者理论，尽管并不打算近期采纳，也可能一猛子扎进去读个没完。这样的做法当下可能会让人有一种"我在学习"的充实感，但如果学完之后完全没打算用起来，很可能过后即忘，白白浪费时间。

因此，我们建议你在使用选择性精读法时，只选你眼下最需要的，只读你眼下用得上的，专注当下，做好笔记，即读即学、即学即用，以用带读。

其次，一定要注重阅读效率。

选择性精读，到底要学多少、读多久、练多久？其实没有普适的标准。

使用选择性精读法，你要完成的是一个学习知识并应用知识去解决问题的过程，如通过精读一篇或几篇学术文献中都涉及的某个数据处理方法、某个实验操作技巧，帮助你解决自己在研究设计和实施中遇到的问题。因此，当你觉得需要进行选择性精读的时候，就着手读起来，边读边做笔记；而当你觉得学到了足够的知识，可以暂停的时候，就停下来——一切以满足你的实际需要为重，保证阅读效率是你唯一要注意的事项。

第四节
互动精读法

经过了通篇精读和选择性精读，你的所思、所想、所得一定正确吗？你会发现，自己的批判性思考也许并不合理，自己的比较、总结也许并不全面，等等。这个时候，你可以与身边的人交流，与同学分享，向老师、前辈请教，甚至与作者进行沟通。有时候你会发现，通过交流分享，你的思路更加清晰了；有时候你会发现，交流中的几句关键的话，会让你茅塞顿开、豁然开朗。

本节就是在通篇精读和选择性精读的基础上，带你了解互动精读法的作用、需要做的前期准备、三种操作和提高互动质量的几个建议。

一、什么是互动精读法

互动精读法可以算是扎根于社会建构主义学习理论的一种精读方法：个体在与环境或社会的互动中，结合个人已有经验，建构起属于自己的知识。在本书中，互动精读法用来帮助你围绕某个研究主题，在与周围的人进行互动的过程中，建构起属于你自己的学术研究和学术写作相关知识。这样的互动过程能够帮助一名学术阅读新手尽量高效、正确地理解所读的文献，并就某个研究主题建构起尽可能客观又具有个人特色的认识。

互动精读法的具体流程其实很简单：带着你现阶段的思考结果，去和你的同学、同事、老师，甚至有同样研究兴趣的网友交流、讨论，从这样的互动中获得启发，不论大家的反馈是共鸣还是批判，都能帮助你进一步检验和修正先前的看法。

接下来，我们想根据自己的实践经验，简要归纳互动精读法的作用，提示你需要做好的两项前期准备工作，依次讲解顺利实践互动精读法的三种操作，并为你提供提高互动质量的五个建议。

二、互动精读法的两个作用

简单概括起来，互动精读有以下两个重要作用。

作用之一，修正认识。

对学术文献阅读的新手来说，当然有必要通过与同学、同事、同行的互动，检验自己初步形成的观点，拓宽视野，增加认知深度，特别是努力发现自己可能存在的误区、漏洞，最终帮助自己修正与研究主题相关的认识，提高学术文献精读的收益。即使将来你已成为一名成熟的研究者，阅尽千文，学术发表无忧，也会需要在这样的互动过程中，借助同伴的力量，帮助自己不断提升。

作用之二，启发思路。

在学术文献精读的过程中，参与互动的人越多越好。倘若每个人都能把自己的思维火花带入互动过程中，倘若每个人都能积极讨论，每个人的思维都能激荡起来，最后一定能获得"1+1 ＞ 2"的精彩效果：新思路、新观点、新方法都可能由此而生。

在这里特别强调互动精读法的两个作用，主要是为了让你在拿不定主意的时候，果断决定是否需要采用互动精读法：如果你想修正自己已有的认识，或者启迪自己的思路，互动精读法应该是比较可靠的选择。

三、互动精读法的两个前期准备

第一个准备，选定文献，完成文献精读，准备好精读笔记。

如果说互动精读法是基于个人与社会环境中其他人的互动，那么精读笔记就可以说是基于个人与文献的互动——后者恰恰是前者的重要前提，我们只有充分练习了学术文献阅读的方法和技巧，积攒了足量的文献阅读笔记，比较充分地了解了一个研究主题的相关内容，才有可能萌发出值得与他人分享、讨论的观点。在你开始使用互动精读法之前，请一定整理好你的各项精读笔记，包括你阅读过程中的批注、你对文献的复述和质疑、你脑子里涌现的新观点等——从这个角度来看，要想掌握互动精读法，请你一定先反复练习记录精读笔记，积累足够多的互动素材！

第二个准备，做好互动安排。

所谓互动，必定涉及你之外的其他人。所以你要想办法找到愿意和你一起就某个主题、某篇文献互动的伙伴。这样的伙伴可是你的老师、同学、同事、同行，也可以是这篇文献的作者。跟他们表达你关于互动的想法，争取他们的支持和参与，这样，你才有可能通过互动增进精读质量。

一点提醒： 怎么样才能联系到这篇文献的作者呢？

如果能跟你所精读的这篇文献的作者直接交流，那一定棒极了吧？怎么样才能找到这位作者的联系方式呢？建议你先仔细浏览这篇论文的全文，注意作者信息部分——没错，很多学术期刊会在刊载论文的同时，附上作者的联系方式。如果这本学术期刊没有刊登作者的联系方式，你还可以打电话或发邮件给期刊编辑部，通过他们征求作者同意，获取作者的联系方式。

另外，想要真正互动起来，你还需要选择一个大家都接受的互动方式，包括：什么时间，在什么地方，进行什么样的互动，希望获得什么样的互动成果。如果你的小伙伴和你相隔遥远，不妨试试线上交流的方式，电子信箱、微信群、视频会议软件都是不错的选择。

四、互动精读法的三种操作

在做好前期准备之后，为了更好地发挥互动精读法的效用，我们通常会选择以下三种操作中的一种或多种。

第一种互动操作是复述内容。

显而易见，采用这一种互动操作时，你只需要全面、详细了解一篇学术文献的整个逻辑链条，并熟知文献每个部分的内容要点，就可以向你的老师、同学、同事、同行复述内容，并倾听他们的复述，在交流中相互印证、相互补充，逐渐提升自己对文献的认识。作为一名学术阅读的新手，也许最初你的理解只能达到作者所表达内容的 30%，但如果能够边复述边互动，最终你能够准确理解作者所表达内容的 80%，这样算不算大大的收获？

第二种互动操作是质疑内容。

质疑内容指在比较充分、准确地理解文献内容的基础上，对文献的局部甚至整体提出一些质疑，然后和你的互动伙伴一起探讨你们各自的疑问，这样的操作比起仅仅复述内容的互动，要更有难度，也更有趣了。其难度在于你需要真的读懂、真的思考，仅仅是含含糊糊地阅读，很难让你提出有价值的问题；而有趣之处则在于思考、交流、论证、辩驳过程中的跌宕起伏。当你或者你的互动伙伴提出的疑问得到圆满解决时，那种愉悦感会让你直接开始期待下一次互动。

第三种互动操作是交流新思想、新观念。

在复述内容、质疑内容的基础上，你可以考虑围绕手头这篇文献，进一步思考你所关注的这个研究主题，尝试归纳出你在精读文献的过程中所迸发出来的新思想、新观念、新观点，并带着这些思想火花去跟同伴互动，大家认真讨论，互相点评——这样的互动是令人激动的，不管你收获的是认同还是否定，都非常有利于你将来开展学术研究和学术写作。

一点提醒： 为了用好互动精读法，不妨策划一些定期开展的学术交流活动吧！

说完互动精读法的三种操作，你一定也发现了，必须有那么几个伙伴，经常凑在一起互动，才有可能充分发挥互动精读法的优势，从而不断修正认识、启发思路。那么，就试试和任何你能找到的伙伴一起，策划一些定期开展的小规模学术交流活动，督促彼此坚持精读后互动、互动中精读吧！

五、提高互动质量的五个建议

互动精读法的效用，高度依赖互动质量。接下来，我们想给你提供五个建议，供你在琢磨如何提高互动质量的时候参考一二。

第一个建议，找准合适的交流对象。

只有和你有相似的学习兴趣或研究兴趣的人，才可能有足够的动力与你互动。只有基于共同的兴趣，才可能碰撞出互动的火花。要实现高效率互动，互动人数不宜太多，2 ~ 5 人即可，人数过多可能会妨碍深度交流。而如果互动的效率不够高，也容易损伤兴趣，让大家没有动力坚持互动下去。

第二个建议，找到合适的时间和场所。

合适的互动时间就是每一个参与者都方便参与的时间。而合适的互动场所，则可以是会议室、实验室、办公室、咖啡馆、学术会议间歇的走廊等，任何不过分嘈杂到让你们分心，也不会打扰到别人的地方。如果由于种种原因，大家不方便在同一个时间凑在一起面对面互动，那不妨考虑采用线上视频会议的方式来一场"云上讨论"吧！或者，干脆用传统一些的方式，发电子邮件——也许，非实时的互动能给每个参与者更充分的思考时间。

第三个建议，管理参与者的期望值，建立良好的心理预期。

在开展互动之前，你可以提醒每一位参与者：交流难免有被质疑、被反驳、被泼冷水的时候，也会有困惑难解的时候。若想有所收获，大家要建立良好的心理预期，互相包容，互相尊重，用开放的心态去参与互动，遇难解难，实在解不了的困惑也可以一起回到文献中去寻找答案，更可以借此请教师长。

第四个建议，提前温习高效率的沟通技巧。

高效率的沟通技巧有很多，适合搭配互动精读法使用的技巧包括但不限于：有准备地清晰表达，认真倾听，及时反馈，以及发言不跑题。如果有可能，请提前温习这些好用的沟通技巧，然后在围绕学术文献开展的互动过程中多多练习这些技巧，尽可能提高互动精读法的效用。

第五个建议，及时记录和整理互动结果。

互动结果的记录和整理，与互动过程同等重要。在互动的过程中，一定记得扼要地做好讨论笔记，特别是别人给你的启发和你临时迸发出来的优秀想法，避免过后忘了，那就真可惜了。互动结束后，要对照讨论笔记，回顾、思考、沉淀，及时整理自己的收获和新萌生的困惑，督促自己回到原来的文献和新的文献中继续学习。

■ **|任务 7-7|** 试用一次互动精读法

（1）选定你打算拿来练习互动精读法的学术文献，用你喜欢的方式逐篇精读，并做好笔记。你也可以从已经完成的精读笔记里挑选几份，作为后续开展互动精读的基础。

（2）考虑清楚你与伙伴进行互动精读想要达到的目的，朝着这个方向去联络愿意与你一起互动精读的小伙伴。

（3）与小伙伴一起讨论互动中要着重讨论的内容，确定互动时间、场所和方式。

（4）各自根据自己的精读笔记，准备好互动交流的要点。

（5）开始互动吧，在互动中深化理解，大家一起把文献读透！千万别忘了做好互动精读笔记。关于这一份笔记，我们可能没有固定的格式可向你建议。只要及时记下大家的思想火花，以及你自己获得的启发，就足够了吧？

<h1 style="text-align:center">第五节
归纳精读法</h1>

归纳精读法清晰的步骤和丰富的方法，是带你打开深度思考和论文写作之门的钥匙。如果说通篇精读法、选择性精读法、互动精读法，都是为了让你更好地思考、积累和拓宽思路，那么归纳精读法则能更好地带你进行沉淀整理、比较分析，从而总结现状、发现规律，输出自己的思想。

本节就带你了解什么是归纳精读法，以及归纳精读法的几种常见方法，时间轴归纳、内容表归纳、关键词频次统计归纳和文本内容统计归纳精读法。

一、什么是归纳精读法

如果说精读笔记帮助你深耕文献，互动精读法帮助你刷新思路，那么下面要介绍的归纳精读法则是两者基础上的进一步整理、进一步思考、进一步提炼。如果可以熟练使用归纳精读法，你就有可能做出更精练的阅读笔记，还有可能为后续的学术研究、学术写作积累必要的文献述评素材，获得研究思路、方法等方面的重要启示，从而搭建起从学术文献阅读到学术研究、学术写作的桥梁。

从具体的操作层面来看，根据不同的归纳方式，学术文献归纳精读法可以分为多种方法。本书打算向你介绍最为常见的四种：时间轴归纳、内容表归纳、关键词频次统计归纳和文本内容统计归纳精读法。

二、方便的时间轴归纳精读法

归纳精读法中的时间轴归纳精读法是一种相对简单，但是又比较常用，而且确实很有用的操作方法。具体来说，时间轴归纳就是按照某种时间顺序，对学术文献中提及的政策文件、领域研究与实践事件等进行梳理，然后有条理地呈现出来，并基于此开展比较、分析。

在我们具体展开时间轴归纳的时候，通常要完成以下三个基本步骤。

第一步，在不同的时间点上就相同粒度的事项选取文献内容。

只有这样，在把归纳比较的结果放在一条时间轴上时，才能呈现出有逻辑、有价值的成果。

例如，当你准备梳理某个时间段的政策文本时，可以尽量选取相同级别的政策文本进行比较。所谓相同级别的政策文本，是指全部为国家级、部委级或省级的政策文本。通常要尽量避免直接比较不同级别的政策文本。

再举个例子，当你准备梳理慕课学习平台的相关信息时，可以首选国内外知名的、较大规模的平台，如 Coursera 或者学堂在线等。这样做，你在比较中展开深度发掘会更容易。如果把规模、特点各异，甚至过于小众的平台混杂在一起，你在收集资料的阶段就可能遭遇困难，也不便于后续的梳理、呈现、分析。

第二步，开始精读文献，并且始终采用同样的筛选、归纳、比较维度。

只有这样，才能确保你的整个归纳、比较过程得到符合预期的收获。

始终坚持最初确定的筛选、归纳、比较维度——这一点，每个人刚刚开始收集资料的时候都不会含糊。但是，随着收集过程慢慢进行，需要筛选的资料越来越多，大脑也可能开始感觉疲惫，筛选维度可能会变得模糊。同样，当你尝试归纳和比较的时候，也容易因为疲惫或者其他原因，模糊了归纳、比较的维度。所以，你需要想办法提示自己时时牢记你的筛选、归纳、比较维度，或者也可以想办法补救维度含糊很可能造成的后果。

以教育政策文本为例。在收集政策文本的时候，你需要牢记一点：不是所有的教育政策文本都是你所需要的！随着收集过程的不断推进，如果你察觉到自己的筛选维度有点含糊了，不妨停下来，休息一下再继续进行。或者，你也可以考虑用宽泛一点的维度继续筛选，等待全部筛选完毕后，再回头进行二次筛选，确保筛选之后的教育政策文本都刚好是你所需要的。当然，在你归纳或者比较的时候，也可以照此操作。

一点提醒： 及时记录收集的文献资料！

> 当你收集了很多文献之后，在开始归纳之前，最好及时选择合适的方式简单呈现这些文献。我们通常采用表格的形式来完成这一步。这样做的好处是用比较少的工作量尽可能清楚地展示这些文献，方便后续按照时间顺序归纳、比较。

第三步，沿着时间轴进行特征类型或发展阶段等的划分。

你必须努力尝试完成这个步骤，只有这样，你的归纳才会有结果，你的后续分析才有基础。

为了让自己的精读真正"精"起来，你需要事先想清楚一个问题：到底要朝着哪几个维度去归纳？或者说，归纳的结果到底应该是什么样子？

特征类型或发展阶段等是常见的归纳维度。特别是如果你打算在完成精读之后，做一做学术研究、试一试学术写作，大概率会需要围绕你所关心的研究主题，顺着时间轴，对文献中的相关内容进行特征类型划分或发展阶段划分。

一点提醒： 时间轴归纳只能用来进行特征类型划分或者发展阶段划分吗？

当然不只能进行特征类型划分或发展阶段划分。我们在这里突出强调这两种划分，仅仅是因为：这是学术阅读新手比较容易模仿做到的。

随着你的学术阅读经验越来越丰富，特别是当你开始做研究后，你可以根据自己的需要和自己擅长的内容，探索出越来越多的归纳方式，获得越来越多样的归纳结果。

接下来，有两个任务，可以让你分别尝试一下，围绕不同类型的文本，如何使用时间轴归纳精读法。

|任务 7-8| 用政策文本来试一试时间轴归纳精读法吧

（1）确定一个你当下最关心的政策领域，将其写下来：（　　　　）。

（2）将这个政策拆分成 1 ~ 2 个关键词，也写下来：

（　　　　）（　　　　）。

（3）登录搜索引擎，用你的关键词加上"政策"，检索相关政策文本，并保存到你的电脑上。建议专门新建一个文件夹，可以命名为"政策文本文件夹"，或者更精确一点，"××政策文本文件夹"。

（4）梳理收集到的所有政策文本，按照时间由远到近地排列好。

（5）采用选择性精读法，逐一阅读这些政策文本，并做好精读笔记。

（6）回顾你的精读笔记，确定一个你认为合适的时间段，并试一试按照政策文本的具体情况，把这个时间段切分成由远到近的几段。

（7）继续品读每一个时间片段内政策文本的精读笔记，提取出每一个时间片段内政策文本的特征，并根据这些特征，为这个时间片段命名。将这些记录在你的精读笔记里。

（8）用你喜欢的方式，画一条时间轴，把你选择的时间段、命名的时间片段及其特征，都在时间轴上呈现出来——到此，你算是实实在在体验了一把时间轴归纳精读法！

■ **|任务 7-9|** 再用学术论文来试一试时间轴归纳精读法吧

（1）确定一个你当下最关心的研究主题，将其写下来：（　　　　）。

（2）将这个研究主题拆分成 1～3 个关键词，也写下来：

（　　　　）（　　　　）（　　　　）。

（3）登录中国知网，用你的关键词检索相关学术期刊论文和学位论文，并下载、保存到你的电脑上。在此，你可以专门新建一个文件夹，命名为"时间轴归纳精读法练习文件夹"。

（4）你也可以打开第六章中建立好的"高相关度文献"文件夹，从中选择合适的学术期刊论文和学位论文，补充到你的"时间轴归纳精读法练习文件夹"里。

（5）梳理这个文件夹中的所有学术论文，按照时间由远到近地排列好。

（6）采用选择性精读法，逐一阅读这些学术论文，并做好精读笔记。

（7）回顾你的精读笔记，确定一个你认为合适的时间段，并试一试按照学术论文的具体情况，把这个时间段切分成由远到近的几段。

（8）继续品读每一个时间片段内学术论文的精读笔记，提取出每一个时间片段内学术论文的特征，并根据这些特征，为这个时间片段命名。将这些都记录在你的精读笔记里。

（9）用你喜欢的方式，画一条时间轴，把你选择的时间阶段、命名的时间片段及其特征，都在时间轴上呈现出来。

三、详细的内容表归纳精读法

归纳精读法中的内容表归纳精读法是另一种相对简单，但是又比较常用，而且也非常有用的操作方法。具体来说，内容表归纳是要选取某个主题或研究对象的某几个方面，在学术文献中择取相关内容，放入预先设计的表格中，再对这几个方面进行进一步的归纳和比较分析。

在我们具体展开内容表归纳的时候，通常要完成以下四个基本步骤。

第一步，明确要进行归纳、比较的内容要点。

如果你仅仅是为了做精读练习，那么，你尽可以随自己的兴趣去确定要归纳、比较的内容要点。如果你是为了后续开展学术研究、写作学术论文而精读文献，那就得慎重选择归纳、比较的内容要点。

毫无疑问，要确认能够支持后续研究和写作的、值得归纳的内容要点，必须以对同一主题下足够数量文献的泛读和适当数量文献的精读为基础，换句话说，你需要对相关内容有初步的了解。此外，当你着手确定内容要点的时候，最好遵循四个基本原则。

其一，内容全面原则。也就是说，你所确定的内容要点，要能够比较全面地反映你想深入了解的研究主题。否则，将来你所归纳的内容不光会妨碍你学习这个主题的相关知识，还会影响你开展相关学术研究，乃至进一步影响你的学术写作质量。当然，这里所说的"全面"是有限度的"全面"、够用就好的"全面"。

其二，粒度相当原则。这一原则既是指同一层级内的内容要点要粒度相当，也是指不同层级之间的间隔看上去要粒度相当。如果能恰当遵循这个原则，你后续的归纳分析会严谨得多，所得的分析结果也会真正对你的研究和写作有帮助。

其三，要点区分原则。这一原则要求你在确定内容要点的时候，要明确区分不同的内容要点，特别要避免不同内容要点之间的交叉或者混淆。否则，可能就会遭遇越归纳越糊涂的境况，甚至导致分析的结果缺乏必要的严谨性、科学性，白白浪费自己的时间和精力。

其四，内容可获取原则。这一点看起来简单，但其实非常重要。无论你所确定的内容要点多么全面、多么严谨，倘若你所能获取的文献中并不能提取出足够的相关资料，那也是没有办法进行归纳、分析的。

一组恰当的内容要点会是什么样子的呢？这里有一个例子。有研究者想研究开放大学的体制、机制，于是确定了"设立情况""经费来源""办学类型、层次和学位授予""立法依据"四个内容要点，据此收集了世界范围内典型开放大学的相关文献并对其进行内容归纳，得到表 7-4 所示的表格。这就是内容表归纳的一个典型案例。

表 7-4　世界开放大学体制机制对比内容表（示例）

名称	设立情况	经费来源	办学类型、层次和学位授予	立法依据
英国开放大学	① 1969 年成立 ②公立 ③英国唯一开放大学	①政府拨款，约 50% ②研究经费，3% ~ 4% ③学费收入，约 30% ④其他（捐赠、教材销售、校产租赁等），7% ~ 8%	①专科、本科、研究生（硕士/博士）、非学历培训 ②可授予学士、硕士和博士学位	英国皇家特许令和《英国开放大学章程》（1969年）
美国凤凰城大学	① 1976 年成立，1985 年远程办学 ②私立 ③具有盈利性质的网络大学	①政府拨款 ②学费收入	①本科、研究生（硕士/博士）、非学历培训 ②可授予学士、硕士和博士学位	《亚利桑那州私立教育法》、《成人教育法》（1996 年）、《终身教育法》（1976 年）等
法国国家远程教育中心	① 1939 年成立 ②公立 ③本国唯一覆盖全国的远程教育系统	①政府拨款，约 30% ②学费收入等，约 70%	①高等学历教育、非学历培训 ②与其他学校联合授予学位	《终身教育法》（1972年）、《高等教育法》和《继续职业教育法》（1984 年）、《教育指导法》（1989 年）、《面向未来学校的方向与计划法》（2005 年）

第二步，设计合适的表格，方便记录内容要点和对应信息。

确定内容要点后，你需要将提取的信息整理成表格。在此之前，请先设计一张合适的表格，用于接下来的记录和整理。表格不需要很复杂，只要满足两个字——"方便"即可。

通常，我们会在表格的第一行中列出内容要点，而把不同文献、不同机构、不同案例等放在第一列，恰如表 7-4 所示。

表格的设计也不需要一蹴而就。你完全可以先设计一张初级表格，然后在记录内容要点相关信息的过程中，酌情微调。一般来讲，在做内容表归纳的过程中，我们都会根据文献贡献的信息，对内容要点做一些增加或者删减，最终，随着信息记录和整理过程的进行，形成一张比较全面、比较准确的内容表格。

第三步，从相应文献中高效率提取对应信息，并将信息填入内容表格。

在这一步中，你需要根据自己在上一步中确定的内容要点，从大量相关的学术文献中高效率提取出对应的信息，并精练表述，填入内容表格。不用怀疑，要做好这一步，你必然要用到前面介绍的各种技巧，比如选择性精读的各种技巧。

在尝试从文献中提取信息的时候，你可以采用以下两个技巧。

技巧之一，快速阅读，精准定位，有效提取，准确记录。

要做到上述十六个字，其实也不容易。作为一名学术阅读新手，刚开始不要对自己要求太高，多花一点时间，在学术文献阅读的训练过程中逐渐提升自己，总有一天能做到。

技巧之二，在信息提取过程中，随时注意鉴别、验证。

很显然，并不是每一篇文献都是高质量的、值得精读的。即使一篇总体优秀的文献，也不见得能提供与你需要的内容要点相关的高质量信息。因此，当你尝试提取信息的时候，一定要时刻警惕，随时注意鉴别这些信息的质量，特别是要试着对照你已经了解的事实证据等进行验证。

第四步，通读已经完成的内容表格，进一步审视、归纳、精练。

前一步中完成的内容表，当然已经比较完整了，但是可能不够完善，至少很可能有较多冗余字句。所以，在第四步中，还请你在已有表格的基础上，反复思考、回顾，审视你所收集到的信息，进一步归纳并由此修改内容要点，再根据各要点的内涵精练各项信息。在这个过程中，如果有所发现、有所启发、有所感触，请一定及时记录下来——直接写在表格下面就行了。

表 7-5 是一张关于世界开放大学目标任务的表格，其最后有"【归纳总结】"一栏，记录的就是表格的整理者对前述内容的思考结果。

表 7-5　世界开放大学目标任务的表格（示例）

学校名称	创办时间 / 地区 / 性质 / 类型	目标和任务
英国开放大学	1969 年；欧洲；公立；研究型 + 教学型	目标：学生的成功，卓越的教学和研究，（大学机构的）增长和可持续性，有助于成功的技术，充满活力和包容性的（教职员团队）文化 任务：学生，研究，教学，国际影响力，教育资源的开放获取
韩国国立开放大学	1972 年；亚洲；公立；教学型	①强化教育竞争力：课程、远程高等教育模式、教学竞争力等。②强化研究竞争力：研究架构和研究竞争力。③提升社会认可：公共宣传、社会认可度、L-KNOU 专业化。④展示未来教育环境：财政收入、校园建设、泛在教育环境构建。⑤确保全球竞争力：国际交流、教育质量在国际上所处的水平、海外市场开拓。⑥提高行政能力：行政管理体制、行政服务质量
英迪拉·甘地国立开放大学	1985 年；亚洲（印度）；公立；教学型	①运用多种多样的方法促进学习与知识的传播，包括运用各种通信技术、为更多国民提供高等教育机会，从总体上促进社会的教育福利。②鼓励在全国教育领域中发展开放大学和远程教育系统。③协调并确定该系统中的各项标准
……	……	……
【归纳总结】总体上看，国外开放大学更强调满足多样化终身学习需求、扩大教育机会，利用技术创设环境、创新模式，改善学习服务。同时，相比国内的开放大学，更加注重培养学生能力、促进学生职业成功、提升学生生活质量，积极追求卓越的科学研究，积极推进社区参与，而且十分重视国际影响力和全球竞争力			

（1）在这个任务中，我们建议你打开你在前面的任务中新建的"时间轴归纳精读法练习文件夹"，每个时间片段选择一篇典型文献。

（2）当然，你也可以重新收集适合拿来练习内容表归纳精读法的一组文献，比如某类机构的研究文献或聚焦某个主题的某个侧面的研究文献，等等，并把这些文献存入专门的文件夹，命名为"内容表归纳精读法练习文件夹"。对于重新收集的文献，最好能够先泛读一遍，再继续完成下面的步骤。

（3）在前期精读或者泛读的基础上，选择你要比较的对象（比如学校、课程、时间段、阶段等），确定对比维度，并记录在内容表归纳精读法的笔记表格中。下面的表 7-6 可以供你参考。

表 7-6　内容表归纳精读法的笔记模板

比较对象	维度一	维度二	维度三	……
【归纳总结】				

（4）完成整张表格后，回头读一遍，尽可能精练每一个单元格中的表述。

（5）再次通读整张表格，边读边思考你选择的比较对象、对比维度，最后，把你的思考结果总结成一段话，记录到内容表归纳精读法的笔记表格中。

四、重点突出的关键词频次统计归纳精读法

所谓关键词频次统计归纳精读法，是指选择某个主题或主题范畴，统计一个时间段内出现的关键词及其频次。从字面上看就能发现，关键词频次统计归纳是一种基于量化统计的归纳方法。在完成初步的精读之后，我们往往会为了更清晰地了解相关主题的研究情况，而统计一份或一组政策文本中所出现的某类关键词的类型和数量，或者统计某个时间段内某类主题下学术文献标题或全文中某类关键词的类型和数量，等等。

在具体展开关键词频次统计归纳的时候，通常要完成以下四个基本步骤。

第一步，确定要统计的关键词或关键词范畴，以及关键词频次统计的数据来源。

此时，你要纳入统计的通常是一组关键词，或者是一个关键词范畴，比如与基础教育"双减"相关的关键词，又比如与价格政策相关的关键词，还比如与在线学习的文字交互中学习者的情绪相关的关键词，等等。

你还需要确定关键词频次统计的数据来源，通常是你已经收集妥当的政策文本或学术论文，也可能就是直接从某个文献平台上检索出的一批文献。

第二步，选择关键词频次的统计和呈现工具。

这几年，可以用于关键词频次统计的软件工具层出不穷，常见的就有 NVivo 和 CiteSpace。对新手来说，这些工具虽然功能强大，但是都需要花点时

间专门学习。如果你只是想尝试一下关键词频次统计，或者仅仅需要做最浅显的频次统计和图形呈现，那么 Excel 工具就已经非常好用了。你还可以选择网上一搜一大把的云图绘制工具，如 SmartAnalyze、MasterGo 等，作为后续呈现统计结果的工具。

第三步，开始统计，并把统计结果呈现出来。

到此，你只需要使用前面选择的工具，按照前面确定的关键词或关键词范畴，对数据来源文本进行统计——不必犹豫，做起来就好！

当然，统计完毕之后，请记得用合适的形式把你的统计结果呈现出来。通常我们主要采用的是自己设计的统计表格，用这样的表格保存统计结果也是非常合适的。

此外，再搭配恰当的数据图，包括词云图，呈现效果一定不错。

第四步，分析你的统计结果。

没错，所谓关键词频次统计归纳，不应止步于"统计"。你还需要往前走一步：围绕统计结果展开分析。只有走到这一步，你前面的精读才是有意义的，你此刻的统计才是有价值的。当然，分析的角度、思路等都由你来定，适合你的学习方向或者研究方向就行。

说到这里，你应该也能感觉出来了：关键词频次统计归纳精读法的步骤比较简明。所以，这里我们就不针对此方法专门设计任务了。如果你有兴趣，找几篇文献试试吧！

五、全面全能的文本内容统计归纳精读法

文本内容统计归纳是基于内容分析方法和过程的学术文献统计归纳。广义地说，对学术文献内容开展的各种统计分析都可以算是"内容分析"。但说到学术论文，大家更倾向于把对文本内容进行的量化统计和质性分析称为"内容分析"。由此可见，在完成文本内容统计归纳时，你可以灵活采纳量化统计方法与质性分析思路。

一点提醒： 必须使用文本内容分析的软件工具吗？

我们经常会看到，在已经发表的学术期刊论文中，作者使用了某种文本内容分析软件工具。但是，必须借助软件工具才能完成文本内容的分析吗？这个问题的答案是否定的。

研究者本人也可以是一个非常好用的文本内容分析工具。特别是如果你尝试的是文本内容的质性分析，那么，完全可以把自己作为文本内容分析工具。当然，为了提高分析效率，你可以事先利用软件工具完成简单的数据清洗和整理。

下面，我们特意避开软件工具的使用，单从操作原理出发，介绍以人为工具进行文本内容统计和分析的四个步骤。在最后一步中，我们会再次提醒你：不要完全依赖软件工具。

简单归结起来，具体展开文本内容统计归纳的时候，通常要完成以下四个基本步骤。

第一步，根据已经选定的文本内容的范畴与来源，初步确定分析维度和每个

维度可能包含的关键词，同时初步设计统计表格。

既然要进行文本内容的统计和分析，首先要试着选定你的分析维度。在这里，分析维度是指你所关心的那个研究主题或研究主题范畴所覆盖的信息的主要类型、主要特征、主要角度，有定性维度，如性别、地域、时间，有定量维度，如收入、年龄等。实际操作时，我们通常会使用一级、二级或三级维度。

一点提醒： 分析维度可以有三个以上的层级吗？

理论上来说，没什么不可以的，因为分析维度的层级完全由你决定。不过，我们想提醒你的是，如果层级太多，那可能说明你所关心的研究主题或研究主题范畴不够聚焦，才会覆盖太过丰富的分析维度。在这样的情况下，即使你舍得花费大量精力进行文本内容的统计和分析，也比较可能陷入文本的海洋，难以梳理出手头这些文本的脉络。所以，确定分析维度层级的时候，谨慎一些吧！

确定分析维度之后，可以根据你了解的相关情况，列出你认为每个维度可能包含的关键词。此时不必追求一次性把关键词列完整，只要这些关键词能帮助你大致描述每个维度的内涵，方便你接下来继续切分、归类文本，就够了。

在这一步，你还需要尝试设计统计表格，把你初步确定的分析维度和关键词放进表格里，并给分析维度和关键词的来源留出一列，供后续填写。表7-7可以供你做参考。

表 7-7 文本内容统计归纳的表格示例

分析维度			关键词	来源
一级	二级	三级		
一级维度 A	二级维度 A-1	三级维度 A-1-1	关键词 a1；关键词 a2；关键词 a3……	来源 1；来源 2；……
		三级维度 A-1-2	关键词 a4；关键词 a5……	来源 3；来源 4；……
	二级维度 A-2	三级维度 A-2-1	关键词 a6；关键词 a7……	……
		三级维度 A-2-2	关键词 a8；关键词 a9；关键词 a10……	……
		三级维度 A-2-3	关键词 a11；关键词 a12……	……
	二级维度 A-3	三级维度 A-3-1	关键词 a13；关键词 a14；关键词 a15；关键词 a16……	……
		三级维度 A-3-2	关键词 a17；关键词 a18……	……
一级维度 B	二级维度 B-1	三级维度 B-1-1	关键词 b1；关键词 b2……	……
		三级维度 B-1-2	关键词 b3；关键词 b4；关键词 b5……	……
		三级维度 B-1-3	关键词 b6……	……
	二级维度 B-2	三级维度 B-2-1	关键词 b7；关键词 b8……	……
一级维度 C	二级维度 C-1	三级维度 C-1-1	关键词 c1；关键词 c2；关键词 c3……	……
		三级维度 C-1-1	关键词 c4；关键词 c5……	……
	二级维度 C-2	三级维度 C-2-1	关键词 c6；关键词 c7……	……
		三级维度 C-2-2	关键词 c8……	……
……	……	……	……	……

第二步，选取少量具有典型性的文本，从中收集有用的文本片段，切分成词语或短语，填入你的表格中。

在这一步，不必着急全面开始内容分析，先从你选定的文本中挑出比较典型性的文本，围绕你确定的分析维度，从这些文本中提取有用的片段，将其切分成词语或短语，与你初步拟定的关键词对照，查漏补缺，完善你的关键词列表。如果发现某些有用片段无法纳入现有分析维度，或者某些分析维度在文本中竟然没有对应的关键词，不妨冷静思考一下，看看是否需要增加或者删除分析维度。经过这个步骤，你的分析维度和关键词列表应该就比较完善了。

一点提醒： 怎样才算是"具有典型性的文本"？

这个问题的答案，不好一概而论。

一般所说的典型性表现在这样几个方面：研究主题，实践领域，样本规模，所涉时间段，所涉地域，等等。如果从内容分析的工作量来看，文本的长度特征也可能具有某种典型性。

第三步，通读选定的所有文本，正式开始统计吧！

在这一步里，你要做的和第二步类似，区别在于此时文本片段的收集、切分工作要覆盖你选定的全部文本，并且要随时通过对照更新关键词列表，还要及时记录每个关键词出现的频次，以及每次出现对应的来源文本。

第四步，整理统计表格，趁热进一步分析。

在前一步正式统计完毕后，一张完整的文本内容统计归纳表格就大体形成了。在这一步，请你全面整理这张表格，趁热打铁，尝试一下对表格内容开展进一步的分析。作为一名学术阅读新手，你此刻不需要忐忑不安，放心大胆地去尽可能理解表格中的内容，并进行分析，将分析所得写下来就好。

只有把你自己作为一个最有主动性、最有智慧的分析工具，你才有可能摆脱对任何软件工具的依赖，超越任何软件工具不可避免的刻板性、局限性，真正完成一次有深度、有意义的文献精读。

第八章 别忘了复盘:

学术文献阅读这回事

💬 **本章导读**

当第七章结束的时候,本书的核心内容其实已经全部讲述完毕。写作第八章主要是为了帮助你更好地使用这本书,特别是帮助你简单回顾、俯瞰全书内容,由此紧密结合自己的阅读需求,更有针对性地掌握相应的阅读方法与技巧,稳健踏上学术文献阅读之路。

在第八章中,为了与前文呼应,也为了更有效地帮到你,我们会分四节,分别针对四种学术文献阅读的需求——"对某个热词感兴趣""想了解某个专业""想扎实学好某个专业""想写一篇学术论文",和你一起回顾学术阅读的初衷,总结值得阅读的几类学术文献,并概述如何满足你的阅读需求。在每一节的最后,我们将专门强调,为满足某一种学术阅读需求,你所需要掌握的学术阅读方法与技巧,并扼要提示这些方法与技巧和本书各章节的对应关系,方便你随时查阅。

本章学习目标 >>

- 明确自己的学术文献阅读需求。

- 基本了解不同的学术阅读需求对应的阅读方法与技巧。

- 能够在本书中快速找到某种阅读方法或技巧对应的章节。

<h1 align="center">第一节</h1>
<h1 align="center">对某个热词感兴趣</h1>

在本书第二章"破冰：为什么要阅读学术文献"中，你已经分析并确认过"对某个热词感兴趣"的学术文献阅读需求。经过第三章到第七章的学习，你已经立足需求，对学术文献阅读进行了系统的了解和应用训练。

在这里，我们需要进行一次全面的回顾和总结，并给予你一些有益的提示：回顾你"对某个热词感兴趣"的初衷；总结值得阅读的几类学术文献，以及需要重点掌握的学术阅读方法与技巧；提示巩固这些方法与技巧需要反复学习的章节，方便你随时查阅。

一、回顾：为什么要阅读学术文献

如果你突然对某一个热词感兴趣，这个兴趣可能有种种源头。

可能源于你拓宽视野的需要，比如电视里老在说"碳中和"，这个词到底是什么意思？

也可能源于你家庭教育的需要，比如孩子要进行一次有关中小学 MOOC 学习必要性的辩论赛，那么什么是 MOOC？又或者，你需要教孩子识字，那么有什么有效的学习策略？

还可能源于生活决策的需要，比如选购鸡蛋时搞不清柴鸡蛋和普通鸡蛋到底哪种更有营养，购买手机时不了解什么是 4G 和 5G，购买股票时不知道什么是量子计算，控制饮食时不了解什么是低血糖指数，等等。

通过阅读学术文献，你或许能更加科学、严谨地了解这些热词的来龙去脉，避免被低水平的自媒体文章、小视频误导。由此，当然就可以让眼界更开阔，让教育更科学，让身体更健康，让生活决策更靠谱。

二、整理：需要阅读哪些文献

为了充分而且准确地了解某个热词的内涵，你可以阅读以下几类学术文献。

一是相关学科、专业的入门读物。相比而言，基础教材比前沿著作更合适你，科普读物又比专业期刊更合适你。

二是符合你阅读兴趣的学术期刊论文。不是所有的期刊论文都适合你，需要检索、筛选出内容较为相关的、语言较为通俗易懂的论文。

三是专业知识含量较高的微信公众号文章。这里也要注意进行辨别，既要分析其专业知识含量是否较高，又要看公众号的运营者是否为正规机构或个人。

三、冷静：看完这本书之后，如何学而时习之

当你看完这本书之后，如果还要了解某个热词，可以随时查阅本书以下几个方面的内容。

一是确定符合自己需求的学术文献种类。

此刻，你可以通过本书第一章了解学术文献的种类和用途，知道哪些学术文献能够为你提供恰到好处的热词相关知识。然后，还可以根据第三章介绍的常用学术文献的结构与特点，进一步确认哪些学术文献种类最能满足自己的需求。

二是检索、筛选出符合自己需求的那些学术文献。

本书第四章为你介绍了学术文献阅读的基本原则，第五章为你介绍了学术文献检索的基本操作。初步了解这些内容，基本上能帮助你确保文献检索、筛选的质量与效率。

特别是，如果你在学术文献阅读方面的经验还不够丰富，简单了解这些内容，至少能帮助你远离荒谬、不科学的自媒体文章。

三是有效率、有质量地进行学术文献泛读。

没错，你只需要进行泛读，就能了解你所关心的热词。与泛读相关的内容在本书第六章，你一定还记得其中提到的各种泛读技巧。只要能够熟练运用其中的一两种，对你来说就够用了。当然，如果你有兴趣，也可以参考第七章中介绍的精读技巧，用来更透彻地了解热词。

如果此刻你感觉自己对上述这几个方面的内容还不够熟悉，不妨回到书中相应章节，先温故，再知新。

第二节
想了解某个专业

在本书第二章"破冰：为什么要阅读学术文献"中，你已经分析并确认过"想了解某个专业"的学术文献阅读需求。经过第三章到第七章的学习，你已经立足需求，对学术文献阅读进行了系统的了解和应用训练。

在这里，我们需要进行一次全面的回顾和总结，并给予你一些有益的提示：回顾你"想了解某个专业"的初衷；总结值得阅读的几类学术文献，以及需要重点掌握的学术阅读方法与技巧；提示巩固这些方法与技巧需要反复学习的章节，方便你随时查阅。

一、回顾：为什么要阅读学术文献

如果你需要在短时间内了解某个专业，这个需求一定与你所处的人生阶段密切相关。

可能你自己或者你的家人已临近高考，需要提前了解某个专业是否与自己的兴趣相吻合，为后续填报高考志愿收集重要信息。

也可能你已经进入大学，在某专业的本科低年级就读，但是因为对本专业缺乏兴趣，琢磨转到一个什么样的专业会更适合自己。又或者你已经进入本科高年级阶段，正在权衡是报考本专业的研究生还是跨专业考研。

还有可能你已经从大学毕业并且工作多年，正打算"回炉"攻读一个硕士或博士学位，因此有必要为自己选一个合适的专业，并且初步了解一下该专业当下的研究进展。

通过系统地阅读高质量的学术文献，你能够更充分、更准确地了解某专业的学习内容、发展动态甚至就业方向，方便自己下一步稳妥地做决定，让自己的人生之路越走越舒心。

二、整理：需要阅读哪些文献

为了充分而准确地了解某个专业，你至少需要阅读以下几类学术文献。

一是目标专业的入门级教材。毫无疑问，这些入门级教材能够帮助你概览整个专业领域的知识体系，你怎么能够错过？

二是目标专业的入门级学术著作。在翻阅教材之后，你也许还需要找几本入门级学术著作，帮助自己初步但系统地了解这个专业相关领域的研究对象、研究内容、研究方法等，方便你进一步判断是否确实对这个专业感兴趣。

三是目标专业范畴的、特定类型的学术期刊论文。特别是一些高质量的综述类论文，能够帮助你快速了解这个专业领域理论与实践的总体进展情况。

四是目标专业的学位论文。写作学位论文是你未来攻读这个专业期间必须完成的重要任务之一，而你的前辈们所写的学位论文是他们攻读这个专业期间的心血凝聚，更集中代表了这个专业当下的前沿动态，在你决定选择这个专业前最好找来读一读。

五是目标专业相关的政策文本及政策文本解读文章。这些文献里往往明示、暗示了这个专业甚至相关产业近期和未来一段时间的发展动向，也是你选择专业之前有必要了解的。

三、冷静：看完这本书之后，如何学而时习之

当你看完这本书之后，如果还要了解某个专业，可以随时查阅本书以下几个方面的内容。

一是确定符合自己需求的学术文献种类。

本书第一章所介绍的学术文献的种类与用途，第三章所介绍的常用学术文献的结构与特点，都是你需要简单了解的。只有这样，你才能更有效地确定哪些文

献是你下一步进行学术阅读时必须获取的。

二是比较准确地检索、筛选出符合自己需求的那些学术文献。

为此，你当然要从第四章、第五章的对应内容里学会文献检索的基本操作，并通过练习，基本熟练地掌握这些操作，最好还能知道如何避开操作中可能存在的"坑"。只有这样，你所找到的文献才能为你准确提供目标专业的相关信息。

三是有效率、有质量地进行学术文献泛读，必要时进行一些精读。

泛读是你选择专业时铁定绕不开的学术阅读技能，为此你需要熟悉本书第六章介绍的各种泛读技巧，特别是要掌握综述类学术期刊论文和学术著作的泛读方法与技巧。如果有兴趣、有余力，你也可以进一步掌握第七章介绍的精读技巧，并用来阅读重要的文献。

第二节
想扎实学好某个专业

在本书第二章"破冰：为什么要阅读学术文献"中，你已经分析并确认过"想扎实学好某个专业"的学术文献阅读需求。经过第三章到第七章的学习，你已经立足需求，对学术文献阅读进行了系统的了解和训练。

在这里，我们需要进行一次全面的回顾和总结，并给予你一些有益的提示：回顾你"想扎实学好某个专业"的初衷；总结值得阅读的几类学术文献，以及需要重点掌握的学术阅读方法与技巧；提示巩固这些方法与技巧需要反复学习的章节，方便你随时查阅。

一、回顾：为什么要阅读学术文献

如果你需要扎实学好某个专业，这个需求同样可能与你所处的人生阶段密不可分。

可能你已经被某所大学某个专业录取，或者正在准备参加某个专业的研究生考试，总之你已经下定决心要深入学习这个专业，因此必须打好专业知识的基础。那么，学术文献阅读就是你踏上专业学习之路时应该完成的"必修课"。

也可能你已经踏入职场多年，出于完成当下工作任务的需要，或者出于长远的职业发展需要，你必须在某个新的专业方向上深入学习。那么，学术文献阅读可以帮助你以较低的精力投入和时间投入获取较高的知识回报，帮助你高效率开展终身学习、自主学习。

二、整理：需要如何阅读哪些文献

为了扎实地学好某个专业，你至少需要阅读以下几类学术文献。

一是目标专业的各种教材。这是你专业入门的必读书，能够帮助你在脑中快速建立起这个专业领域的知识体系。

二是目标专业的入门级学术著作和进阶级学术著作。前者能够帮助你初步了解这个专业领域的研究对象、研究内容、研究方法等，后者能够帮助你了解某一研究专题的前沿发展动态。

三是目标专业范畴内的各类型学术期刊论文，特别是综述类学术期刊论文。

毫无疑问，阅读大量的学术期刊论文，有助于你及时了解专业领域最前沿、最新鲜的内容，帮助夯实你的专业研究基础。而综述类学术期刊论文特别有助于你快速了解这个专业领域理论与实践的总体进展情况。

四是目标专业的高价值学位论文。高价值学位论文集中呈现了该专业最新的研究进展、研究范式、研究方法，以及该专业学术论文最成熟的研究"套路"、行文逻辑等，是你学好这个专业不可忽视的宝藏文献。

五是目标专业相关的政策文本及政策文本解读文章。最新的政策文本及相关解读文章，能够很好地体现目标专业领域及其相关产业的国家政策，以及该领域最新的实践发展与理论探索。

六是与目标专业相关的常用专业数据库。这些专业数据库能为你提供理解专业知识和开展学术研究所必需的基础数据。

三、冷静：看完这本书之后，如何学而时习之

当你看完这本书之后，如果想扎实学习某个专业，需要熟练掌握以下几个方面的方法与技能，全面打好学术阅读基本功。必要时可以查阅本书的相关内容。

一是确定符合自己需求的学术文献种类。

不用多说，此时你所需要的学术文献几乎覆盖了所有常见的种类，此外，还有很大可能要涉及一些不常见的种类。你只有充分了解第一章介绍的学术文献的内涵与特征、常用的学术文献类型和用途，以及第三章介绍的常用学术文献的结构与特点，才有可能较为准确地锁定那些符合自己需求的学术文

献种类。

二是精确、快速地检索、筛选符合自己需求的高质量学术文献。

任何一个有能力学好某个专业的人，都一定要在反复的练习中充分掌握学术文献检索、筛选的方法和技巧，懂得如何从浩如烟海的文献中找到符合自己需求的那些好文献。为达到这样的境界，你需要着重阅读第四章所介绍的学术文献阅读的基本原则，以及第五章所介绍的学术文献阅读的前期准备。

三是熟练开展有效率、有质量的学术文献泛读。

你在专业学习过程中经常会用到学术文献的泛读技巧，甚至可以说，泛读技巧比精读技巧更常用。为此，你一定要熟练掌握第六章里提到的那些学术文献泛读方法与实用技巧，并在日常的阅读当中多多练习。

四是熟练开展有效率、高质量的学术文献精读。

精读技巧虽然不如泛读技巧使用频繁，但是你在专业学习过程中积累的最重要的知识、获得的最珍贵的启示，可能都来自学术文献的精读过程。因此，你必须牢牢掌握第七章介绍的那些学术文献精读方法与实用技巧，并充分运用，努力总结出一套最合适你自己的学术文献精读方法。

五是及时管理好自己收集的各类学术文献，建立起个人专属的学术文献库。

当你开始涉足某个专业，你一定会迅速积累起大量的学术文献。这时候，你与非专业人士的主要区别之一就在于能不能做好文献管理。本书中与之相关的内容分布在第四章、第五章，第六章、第七章亦有所涉及，请你一定要重视起来。

第四节
想写一篇学术论文

在本书第二章"破冰：为什么要阅读学术文献"中，你已经分析并确认过"想写一篇学术论文"的学术文献阅读需求。经过第三章到第七章的学习，你已经立足需求，对学术文献阅读进行了系统的了解和训练。

在这里，我们需要进行一次全面的回顾和总结，并给予你一些有益的提示：回顾你"想写一篇学术论文"的初衷；总结值得阅读的几类学术文献，以及需要重点掌握的学术阅读方法与技巧；提示巩固这些方法与技巧需要反复学习的章节，方便你随时查阅。

一、回顾：为什么要阅读学术文献

写一篇学术论文，不管是学术期刊论文还是学位论文，可能是本书绝大多数读者最真实的需求。

可能你是刚刚入门一个专业的硕士研究生或博士研究生，读过一些专业教材，此时需要根据毕业要求写作、发表学术期刊论文，但苦于学术文献阅读的经验有限，不熟悉论文架构，也不知道自己关注的选题有没有足够的研究价值，落笔惶恐。

也可能你是刚刚入职教育机构、研究机构的年轻人，出于工作或职称评审的需求，需要撰写学术期刊论文。此时，你可能已经积累了一些学术文献阅读的经验，但是论阅读技巧，还有一些不足；并且因为工作、家庭的情况，你能够花在学术文献阅读上的精力有限，不得不追求阅读效率。

还有可能你是全日制或非全日制的高年级研究生，需要花一两年时间完成一篇学位论文的写作。虽然过去的学习生涯让你积累了一些学术文献阅读经验和技巧，但是你依然想借鉴一番别人的经验教训，尽可能提高阅读的效率和质量。

二、整理：需要如何阅读哪些文献

为了撰写一篇还不错的学术期刊论文或学位论文，你必须大量阅读以下几类学术文献。

一是拟聚焦主题的入门级学术著作和进阶级学术著作。相比教材，学术著作能够为你补充专业领域更"高级"的内容。比如，入门级学术著作能够帮助你初步了解相关主题的常见研究对象、具体研究内容及合适的研究方法等，而进阶级学术著作能够帮助你深入了解该研究专题在各个方面的最新进展。

二是拟聚焦主题的各类型学术期刊论文，以及相关主题的高质量综述类学术期刊论文。大量阅读学术期刊论文不仅能帮助你快速提升阅读技巧，还能帮助你夯实与研究主题相关的学术基础，快速看清同行已经开展的经典研究、前沿研究。而综述类学术期刊论文，能够帮助你快速了解这个专业领域理论与实践的总体进展情况。

三是拟聚焦主题的高价值学位论文。高价值学位论文能够帮助你快速了解本专业某个主题相关研究的历史脉络与当下进展，提供该主题适用的研究范式、研究方法甚至行文逻辑等，还能够为你展示该专业学位论文的优秀样例。

四是与拟聚焦主题相关的专业数据库。你撰写学术期刊论文或学位论文所需的很多基础数据、专业资料都可以从一些专业数据库中获取。

五是拟聚焦主题所涉领域的政策文本及政策文本解读文章。最新的政策文本及相关解读文章，能够很好地体现研究主题的相关国家政策，以及研究主题的最新实践发展与理论探索，是你进一步聚焦研究主题的重要参考。

三、冷静：看完这本书之后，如何学而时习之

为了撰写一篇学术期刊论文或学位论文，你可能有必要认真读完本书，并反复练习书中的任务。只有全面掌握以下几个方面的学术文献阅读方法和技巧，你才可能有足够的把握完成一项学术写作任务。

一是确定符合自己需求的学术文献种类。

此时，你需要结合自己过往的学术文献阅读经历，围绕自己确定的研究主题或学术论文主题，进一步明确当下需要的学术文献种类。为此，本书第一章介绍的学术文献的内涵与特征、常用的学术文献类型和用途，以及第三章介绍的常用学术文献的结构与特点，可能都是你需要"学而时习之"的。

二是精确、快速地检索、筛选符合自己需求的高质量学术文献。

此时，你检索、筛选学术文献的技能应该接近纯熟了。本书第四章介绍的学术文献阅读的基本原则，特别是其中的文献筛选原则，与第五章中文献检索、文献分析的相关内容，都是一位熟练的学术文献阅读者不能错过的。

三是借助阅读所得，发现有价值的研究问题并将其聚焦为研究选题。

一个好的选题是一篇论文成功的一半。在本书的诸多章节里，其实都隐含了有助于发现选题、聚焦选题的实用方法与技巧，比如第四章介绍的学术文献阅读的四个基本原则，第五章介绍的文献检索、文献分析方法，第七章介绍的精读方

法，都在引导你随时进行批判性阅读，积极从文献中挖掘有价值的东西，其中可能就蕴含了值得你深入探索的各种研究选题。

四是熟练开展有效率、有质量的学术文献泛读。

泛读是学术写作者绝对不能疏忽的阅读技能之一。为了更好地泛读文献，你当然需要了解第三章介绍的各类学术文献的结构与特点，更需要熟练运用第六章呈现的泛读方法与技巧。更重要的可能还是"做中学"，在实际的泛读练习中进一步熟悉各类学术文献，并逐步胜任有效率、有质量的泛读。泛读过程中一定要做好阅读笔记。

五是熟练开展有效率、高质量的学术文献精读。

精读是除了泛读之外，学术写作者绝对不能疏忽的另一个阅读技能。在基本掌握泛读技能的基础上，你可以多多练习第七章介绍的精读方法与技巧。精读文献的笔记也值得你花些力气认真完成。

六是随时管理好所收集的各类学术文献，建立起个人专属的学术文献库。

为了确保后续学术写作的效率和质量，你必须在学术文献阅读之初就有意识地建立个人文献库，充分重视文献管理这项工作。本书的第四章、第五章、第六章、第七章都涉及相关内容，值得你仔细琢磨、认真练习。一个好用的个人文献库到底能在多大程度上帮助你提升专业知识水平与学术写作水平，你只有亲身体会过后才能明白。